阎崇年 / 主编

张真真 / 编著

风云人物

宋朝卷

知识出版社
Knowledge Publishing House

图书在版编目（CIP）数据

历史风云人物. 宋朝卷/张真真编著. —北京：
知识出版社，2018.1

ISBN 978-7-5015-7754-5

Ⅰ.①历… Ⅱ.①张… Ⅲ.①历史人物—生平事迹—中国—宋代—青年
读物 ②历史人物—生平事迹—中国—宋代—少年读物 Ⅳ.①K820.2-49

中国版本图书馆CIP数据核字（2013）第255357号

丛书编辑：王　宇　鞠慧卿
本书责任编辑：石　玉
责任印制：魏　婷

知识出版社 出版发行

（北京阜成门北大街17号　邮政编码：100037　电话：010-68315606）

网址 http://www.ecph.com.cn

新华书店经销

三河市双升印务有限公司

开本：710毫米×1000毫米 1/16　印张：12.5　字数：140千字

2018年1月第1版　2023年8月第3次印刷

ISBN 978-7-5015-7754-5

定价：38.00元

本书如有印装质量问题，可与出版社联系调换

引 言

　　宋朝（960～1279），是中国历史上上承五代十国、下启元朝的朝代。根据首都及疆域的变迁，可再分为北宋与南宋，合称两宋。宋太祖赵匡胤建国时为避免唐安史之乱以来藩镇割据和宦官乱政的悲剧，采取重内轻外和重文抑武的国家政策。这些政策影响所及长远：一方面使宋朝内部安定而少有内乱，有利于经济发展与文化的繁荣；但另一方面也因此导致武力积弱，不敌北方外敌。不过相对而言，宋朝是中国古代历史上经济与文化教育最繁荣的时代之一。著名史学家陈寅恪曾言："华夏民族之文化，历数千载之演进，造极于赵宋之世。"

　　960年，赵匡胤发动"陈桥兵变"，建立宋朝，定都东京（今河南开封），史称北宋。鉴于一些将领、节度使可能拥兵自重而影响皇权，宋太祖听从赵普建议，"杯酒释兵权"，使兵、将分离，保证了统治权的集中，但是，同时削弱了军队战斗力。976年十月，赵匡胤之弟赵匡义在"斧声烛影"的历史疑案中登上皇位，即宋太宗。到979年，消灭北汉，中国大部分被统一。

　　北宋开国后，通过收兵权、削相权及制钱谷等措施，进一步强化中央集权统治。同时，科举制度

获得极大发展。北宋中叶，朝政日益萎靡，形成积贫积弱的局面。宋仁宗时，出现短暂的"庆历新政"。这个时期几乎是整个大宋王朝最为繁荣的时期，科技、艺术等成就几乎达到整个封建王朝的最高峰。后来宋神宗任用王安石进行了具有重大历史影响的王安石变法，但最终遭到保守派反对而废弃。北宋末，统治极度腐朽。1127 年，金国军队攻入开封，宋徽宗、宋钦宗被俘，史称"靖康之变"，北宋灭亡。

同年，宋徽宗第九子赵构在应天府（今河南商丘）即位，即宋高宗，史称南宋。1138 年正式定都临安（今浙江杭州）。南宋共存 152 年，历经高宗、孝宗、光宗、宁宗、理宗、度宗、恭帝、端宗和末帝赵昺九帝。南宋与金朝东沿淮水（今淮河），西以大散关为界，与西夏、金朝和大理为并存政权。南宋偏安于淮水以南，是中国历史上封建经济发达、古代科技发展、对外开放程度较高，但军事实力较为软弱、政治上较为无能的一个王朝。

南宋时期，当权者长期执行求和政策，向金朝称臣纳贡；压制军民抗金斗争，甚至不惜残杀爱国将领岳飞。1142 年，秦桧以"莫须有"罪名害死了力主抗金的岳飞。南宋后期，抗蒙战争连年，到1276 年，元朝军队占领临安，益王赵昰、广王赵昺等残余势力继续抵抗，直到 1279 年，8 岁的小皇帝宋幼主赵昺被元军逼得走投无路，被大臣陆秀夫背着跳海而死。至此，偏安王朝最终覆灭。

目 录

第三编
文化篇

第四编
科技篇

第一编

帝王篇

宋朝，300多年的历史，分为北宋和南宋两个时期，界限是"靖康之变"，历史上亦称之为两宋。宋朝共有18位皇帝，北宋和南宋分占9位。

各个朝代，由政变引起朝代更迭的事例数不胜数，"陈桥兵变"便是由后周禁军最高统帅赵匡胤发起的一次成功政变。赵匡胤兵变建北宋，称为宋太祖。宋太祖赵匡胤不仅统一了大半个中国，而且治国有方。宋王朝的经济和文化之所以能够达到中国历史上的又一个高峰，与赵匡胤的治国之道密不可分。

宋太祖的弟弟赵匡义即位后，继续太祖未完成的统一全国事业。978年吴越王投降，979年北汉王投降。但宋朝两次与辽国的作战均遭受惨重失败。宋朝与外族作战屡战屡败的历史由此开始。

997年，宋真宗赵恒即位。真宗是太宗的第三子，前期颇勤于政事。但其在军事上却无所作为，不顾寇准等反对，与辽国议和，签订"澶渊之盟"，整个宋朝由此走向没落。

1022年，宋仁宗赵祯即位。在仁宗时期，名臣辈出，并且他也很尊重大臣，作为君子堪称一个"仁"字。

宋徽宗赵佶并不擅长处理国家大事，但在艺术和书法方面颇有造诣。他善于画花鸟，书法首创"瘦金体"。徽宗长子钦宗即位后"声技音乐，一无所好"，颇有振作之意，或杀或贬蔡京、童贯等奸臣，任用李纲抗金。但是，1127年金兵攻破汴梁，钦宗与其父被俘北上，1156年钦宗病逝，终年57岁。

"靖康之变"后，宋高宗赵构在南京应天府（今河南商丘）即位，建立南宋。整个南宋时期，虽然有个别皇帝致力于重整旧山河，但终究是有心杀贼、无力回天，所以，风雨飘摇的南宋王朝走向灭亡也在情理之中。

陈桥兵变

宋太祖赵匡胤

■名片春秋 ▎

宋太祖赵匡胤（927～976），北宋王朝的建立者，涿郡（今河北涿州）人。出身于军人家庭，赵弘殷次子。948年，赵匡胤投奔后汉枢密使郭威幕下，屡立战功。960年，赵匡胤及其部下发动"陈桥兵变"，黄袍加身，建立宋朝，定都开封，960～976年在位，共16年。他在位期间，加强中央集权，提倡文人政治，开创了中国的文治盛世，是一位英明仁慈的皇帝，是推动历史发展的杰出人物。

■风云往事 ▎

◇陈桥兵变　黄袍加身◇

　　960年正月，镇州（今河北正定）和定州（今河北定州）派人来京城向年幼的后周恭帝汇报说，北汉和辽国的军队联合南下攻击后周。后周符太后和宰相范质、王溥等不辨真假，慌忙派赵匡胤统领大军北上御敌。几天后，军队行至陈桥驿（今河南封丘东南陈桥镇），在此停驻。第二天黎明，陈桥驿四周突然呼声大起。赵匡胤睡眼蒙眬，走出卧室，

汴京

即开封，古又称东京（亦有汴梁之称），简称汴，位于河南省东部。开封是中国七大古都之一，其他分别是：西安、北京、洛阳、杭州、南京、安阳。

只见众将个个手执武器，列队站在庭前，以赵匡义和赵普为首齐声说道："诸将无主，愿请点检做天子。"将士未等回应，把准备好的黄袍披在他身上，然后一齐下拜，高呼"万岁"。这一事件，史称"陈桥兵变"。

之所以赵匡胤能当上皇帝，有着合理的主客观原因。综合后世百家的评点，赵匡胤在陈桥驿发动兵变，然后当了皇帝，成功的条件主要有以下几条：

第一，天时。959 年，后周世宗柴荣病死，即位的恭帝只有 7 岁，时局相当混乱。当传来辽国联合北汉大举入侵的消息时，主政的是毫无主见的符太后。她一时拿不定主意，最后屈尊求救于宰相范质。范质暗思朝中大将唯赵匡胤才能解救危难，赵匡胤因此得到了最高的军权，可以自由调动全国的兵马。

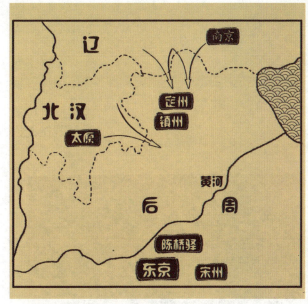

▲ 陈桥兵变形势图

第二，地利。当时，赵匡胤统率大军出了都城，行军至陈桥驿。陈桥驿这个地方距离后周首都汴京不远，赵匡胤在这里发动军事政变，从地形上占据了优势。

第三，人和。赵匡胤带领大军刚离开不久，都城内就传起了一阵谣言，说赵匡胤将做天子。这个谣言不知是何人所传，但多数人不信，朝中文武百官虽有所听闻，也不敢相信，却已慌成一团。加上部下力拥赵匡胤，所以黄袍加身也是必然趋势。

天时、地利、人和等条件都具备了，宋王朝的建立也是理所当然的事情。"陈桥兵变"作为一部成功的历史"大片"，成为赵氏时代的起点，成为赵宋王朝 300 多年历史的开幕式，可谓是"陈桥一梦，换了人间"。

▲ 赵普（922~992），北宋政治家

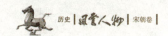

◇杯酒释兵权◇

赵匡胤虽然龙袍加身当上君王，但他却不敢高枕无忧。通过这次兵变，他深刻地认识到武将们在废立皇帝、改朝换代方面有着非常大的力量。他自己既然能以武将的身份和实力去推翻国君，其他将领不也可以用同样的方式来推翻他吗？想到这里，他不寒而栗。尤其使他感到威胁的，是一些声望较高又握有重兵的大将。为了防患于未然，赵匡胤决定削弱他们的兵权。

961 年的一个晚上，赵匡胤宴请石守信等手握重兵的禁军将领。酒饮到一半，赵匡胤说："要不是靠众将拥立，我不会有今日。但是，当了天子，日子也实在难受，还不如当节度使逍遥自在。现在我整夜无眠。"

石守信等人问道："陛下如今贵为天子，还有什么忧虑？"

赵匡胤道："这个皇位，谁不想坐啊？"

石守信等听出话外音，忙询问说："如今天命已定，谁还敢有异心？"

赵匡胤苦笑着说："你们纵然忠心于我，但是，假如有朝一日部下将黄袍披到你们身上，你们即使不想做皇帝，也很难拒绝吧！"

石守信等一听，大惊失色，慌忙下跪拜叩，流着泪说："我们实在愚蠢，没有想到这一点，请陛下给我们指点一下。"

赵匡胤说道："人生在世，只有短短几十年。不过是为了荣华富贵，享受安乐罢了。我帮你们想了条出路，不如交

▲ 明刘俊《雪访赵谱》

出兵权，去地方上当官，购置些良田美宅，为子孙后代留下份产业，自己也可以天天饮酒作乐，快活一辈子。我再与你们联姻，这样，在君臣之间就没有了猜疑，上下相安，岂不是很好吗？"

石守信等人听皇上讲了这般话，知道已无退路，第二天就知趣地交出了兵权。这就是传说中的"杯酒释兵权"。

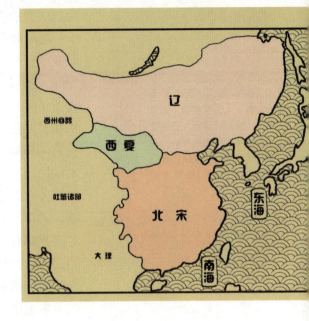

▲ 辽、北宋、西夏形势示意图

◇强干弱枝　积贫积弱◇

藩镇割据的局面在唐中期后逐渐形成，这些势力常常割据一方，乃至进行武装叛乱，给朝廷造成严重的威胁。在宋王朝建立之后，赵匡胤依据宰相赵普提出的"削夺其权，制其钱谷，收其精兵"的十二字方针，分别从政权、财权、军权这三个方面来削弱藩镇，以达到强干弱枝、减轻负担的目的。

在"削夺其权"方面，赵匡胤陆续派遣文官到地方州郡担任长官称为知州，以取代跋扈难治的军人；并在知州之外设立通判，两者共掌政权，形成制衡，分散和削弱了地方长官的权力。

在"制其钱谷"方面，赵匡胤设置转运使来管理地方财政，并规定，各州的赋税收入除留出正常的经费开支外，一律不得私自贪污，必须上缴。这样，既增加了中央的财政收入，又使地方丧失了对抗中央的物质基础。

在"收其精兵"方面，赵匡胤将地方军中的精锐将士，统统抽调到中央禁军，使禁军人数扩充到几十万，而地方部队剩下一些只能充当杂役的老弱兵员，他们缺乏作战能力，这样如果地方官员想要造反，根本无法和中央禁军抗衡，这就摧毁了地方

转运史

古代官职，始建于唐朝。主管运输事业。唐玄宗开元二年（714），设水陆转运使。宋太宗时各路皆设都转运使和转运使，控管一路或数路财政，后逐渐成为"路"之最高行政长官。

▲ 宋太祖赵匡胤坐像

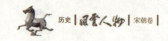

潘美（925~991），大名（今河北大名）人，字仲询，北宋初名将。宋朝代周后，受到重用，参加平定李重进叛乱。后又参与平南唐、灭北汉、雁门之战等重要战役，被封为韩国公。

反抗中央的军事基础。

赵匡胤通过对藩镇权力的剥夺，对武臣的压制，改变了五代时期藩镇割据、武人跋扈、文臣无权的局面，加强了中央的权力。在中央内部，还为宰相设置了副相参知政事，来分散和牵制宰相权力，宰相和参知政事统称为执政。而军政归于枢密院，其长官叫枢密使，枢密院与执政合称"二府"。财政大权另归于三司，其长官叫三司使，号称"计相"，这三者权力相当，都直属于皇帝。通过对相权的分割，防止了大臣专权的局面。赵匡胤曾直言不讳地对宰相赵普说："国家大事可不是你们书生说了算的。"就这样，宋代君权得到了空前的巩固和加强。这些措施结束了唐朝中叶以来的藩镇割据局面，加强了中央集权，促进了社会经济发展，但这些措施也使得官员增多、开支增大、权力互相钳制、地方实力被削弱，为宋王朝的灭亡埋下了祸根。

◇胸怀宽广　虚怀若谷◇

赵匡胤在"陈桥兵变"后回师进入汴京皇宫时，见宫妃抱着一个婴儿，就问这孩子是谁的。宫妃回答说是周世宗的儿子。当时，范质、赵普、潘美都在一旁，赵匡胤问他们如何处理。赵普等回答说："应该除去，以免后患。"赵匡胤说："我接人之位，再要杀人之子，于心不忍。"就把这婴儿送给潘美抚养，以后也没再问起过，潘美也一直没有向赵匡胤提起这婴儿。这孩子长大后，取名惟吉，官至刺史。

▲ 清黄慎《蹴鞠图》

还有一次，赵匡胤出宫巡视。经过大溪桥时，突然飞来一支冷箭，射中黄龙旗。禁卫军都大惊失色，太祖却拍着胸膛说："谢谢他教我箭法。"他还严禁士兵去查找此人。这种事以后果然没再发生了。

赵匡胤有一个爱好，喜欢在后园弹鸟雀。一次，一个臣子声称有紧急国事求见，赵匡胤马上接见了他。赵匡胤一看奏章，不过是件不足为奇的小事，甚为生气，责问他为什么要说谎。臣子回答说："臣以为再小的事也比弹鸟雀要紧。"赵匡胤怒用斧子柄击他的嘴，并打落了他的两颗牙齿。臣子没有叫痛，只是慢慢俯下身，拾起牙齿置于怀中。赵匡胤怒问道："你拾起牙齿放好，是想干什么？"臣子回答说："臣无权告陛下，自有史官会将今天的事记载下来。"赵匡胤一听，顿时气消，知道他是个忠臣，下令赐赏他，以示褒扬。

976 年，赵匡胤在北征契丹的途中，与其弟赵匡义饮酒，共宿宫中。隔日清晨，赵匡胤暴死。次年四月葬于永昌陵。

▲ 1988年中国人民银行发行的中国杰出历史人物金银纪念币（第5组）赵匡胤金币

■历史评价 I

纵观宋太祖赵匡胤一生，其最大的贡献莫过于重新恢复了华夏主要地区的统一，结束了安史之乱以来长达 200 年的诸侯割据和军阀战乱局面。饱经战火之苦的民众终于可以安心从事各种生产活动，为社会的进步、经济的发展、文化的繁荣创造了良好的条件。作为五代十国的终结者和大宋王朝的开拓者，赵匡胤是中国历史上承前启后的重要人物。

与历史上其他著名的王朝相比，宋太祖所创建的宋朝以其鲜明的文人政治特色而登上中国文治盛世的顶峰，可谓中国君主专制史上最开明的一个王

▲ 河南巩义宋陵太祖永昌陵文官石像

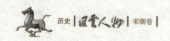

朝。因此，尽管宋朝长期积弱，但在民间却享有盛誉，影响十分深远。

另外，宋太祖本人极具人格魅力：他心地清正，疾恶如仇，宽仁大度，虚怀若谷，好学不倦，勤政爱民，严于律己，不近声色，崇尚节俭，以身作则，等等，不仅对改变五代以来奢靡风气具有极大的示范效应，而且深为后世史学家所称颂。

■ 大事坐标 ┃

927 年	出生。
958 年	随后周世宗柴荣凯旋回京，加授义成节度使、检校太保。
959 年	升任为殿前都点检。不久，后周世宗病死，7 岁的柴宗训继位。
960 年	兵至陈桥驿，发生兵变，"黄袍加身"，被拥立为皇帝。
961 年	杯酒释兵权，解除石守信、高怀德等人的兵权。
970 年	命潘美等征伐南汉。
974 年	以曹彬、潘美为帅，起兵 10 万伐南唐。
976 年	病死，庙号太祖，葬于永昌陵。

■ 关系图谱 ┃

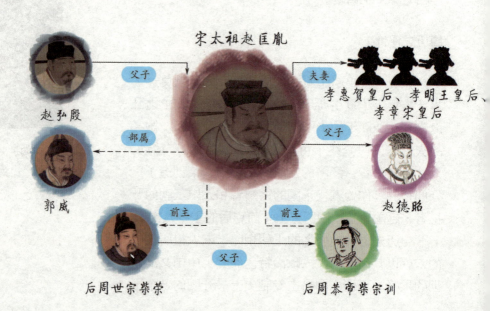

弟承兄业

宋太宗赵匡义

■名片春秋 |

宋太宗赵匡义（939~997），因避其兄宋太祖讳改名赵光义，即位后改名炅，宋朝的第二个皇帝。976~997 年在位，共 21 年。在其兄弟中，除去早夭者，太宗排行居中，比太祖小 12 岁，比秦王赵廷美大 8 岁。太祖驾崩后，赵匡义登基为帝。59 岁去世，庙号太宗，葬于永熙陵。

■风云往事 |

◇斧声烛影　金匮之盟◇

976 年十月十九日夜，太祖骤然离世，年仅 50 岁。二十一日，晋王赵匡义即位，这就是宋太宗。太祖英年早逝，太宗继位又与传统不符，于是引出一段千古之谜。

十九日夜，天空飘起纷纷大雪，太祖命人召晋王赵匡义入宫。赵匡义入宫后，太祖屏退左右，与赵匡义酌酒对饮，商议国家大事。室外的宫女和宦官在烛影摇晃中，远远地看到赵匡义时而离席，摆手后退，似在躲避和谢绝什么，又见太祖手持玉斧戳地，"嚓嚓"斧声清晰可闻。与此同时，这些宫

赵氏五兄弟

长兄赵光济（早夭）；
老二赵匡胤；
老三赵炅（赵匡义）；
老四赵廷美（庶出）；
老五赵光赞（庶出）。

▲ 民国时期宋太祖兄终弟及图

▲ 宋太宗赵匡义画像

女和宦官还听到太祖大声喊："好为之，好为之。"两人一直喝到夜深，赵匡义便告辞出来，太祖解衣就寝。

然而，到了凌晨，太祖就驾崩了。得知太祖去世，宋皇后立即命宦官王继恩去传太祖之子德芳尽快进宫。然而，王继恩却去开封府请赵匡义，而赵匡义也早已安排精于医术的心腹程德玄在开封府门外等候。程德玄宣称前夜二鼓时分，有人唤他出来，说是晋王召见，但他开门却没看到人，因担心晋王有病，便前来探视。于是王、程二人叩门入府去见赵匡义，赵匡义得知召见，却满脸讶异，犹豫不肯前往，还说他应当与家人商议一下。王继恩催促说："时间久了，恐怕就没您的好事了。"三人便冒着风雪赶往宫中。到皇宫殿外时，王继恩请赵匡义在外稍候，自己去通报，程德玄却主张直接进去，不用等候，于是二人直接进入大殿。

宋皇后得知王继恩回来，便问："德芳来了吗？"王继恩却说："晋王到了。"宋皇后一见赵匡义，十分惊讶，但她位主中宫，已明白诸事已由不得自己，便哭喊道："我们母子性命都托付于官家了。"官家是对皇帝的称呼，她这样喊赵匡义，就是承认赵匡义做皇帝了，赵匡义也伤心流泪说："共保富贵，不用担心。"于是，赵匡义便顺理成章地坐上皇位。

太祖之死，蹊跷离奇，但太宗抢在赵德芳之前登基却是事实。太宗的即位也就留下了诸多令人不解的疑团，因此，历来便有太宗毒死太祖之说。太祖本人身体健康，从他生病到死亡，只有短短两三天，可知太祖是猝死的，而赵匡义似乎已提前知道太祖即将离世，不然他不会让亲信程德玄在府外等候。

太祖离奇死亡之后，为了显示其即位的合法性，太宗便拿自己母亲的遗言当"挡箭牌"，即所谓的"金匮之盟"。杜太后临终之际，召赵普入宫记录遗命，据说当时太祖也在场。杜太后问太祖何以能得天下，太祖说是祖宗和太后的恩德与福荫，太后却说："你想错了，若非周世宗传位幼子，使得主少国疑，你怎能取得天下？你当吸取教训，他日帝位先传赵匡义，赵匡义再传光美，光美传于德昭，如此，则国有长君，乃是社稷之幸。"太祖听后答应了此事。杜太后便让赵普将遗命写为誓书，藏于金匮之中。

然而，由于时间过去了很久，"金匮之盟"的重重迷雾也未能揭开，后人推测是太宗和赵普杜撰出来以掩人耳目的。那么，到底太祖是否有传位赵匡义之意呢？据说太祖每次出征或外出，都让赵匡义留守都城，而对于军国大事赵匡义都参与预谋和决策。太祖还对人说："赵匡义龙行虎步，出生时有异象，将来必定是太平天子，福德所至，就连我也比不上。"有人便以此推测将皇位传于赵匡义是太祖的本意。

◇为正其名　挥师北伐◇

不论太祖赵匡胤是否被毒杀，是否编造"金匮之盟"，这种兄终弟及的皇位继承方式与传统的父子相传相比，可谓名不正，言不顺。太宗继位后首先要采取系列措施来安抚人心，巩固帝位。南方割据诸国均已拔掉，北汉自然是宋太宗第一个下刀的目标。当然，这个刀从哪下，却是难事，北汉虽弹丸小国，其身后却是强大的契丹。

宋太宗伐北汉，有着强大的财政基础。赵匡胤时代，北宋已经建立了强大的经济后盾，这么一大笔财富，宋太宗一上台就刚好用上。赵匡义征北汉之前，动摇不定，他问大臣曹彬："周世宗与本朝太祖皇帝，皆亲征太原而不克，难道是因为其城池太过坚牢而不能接近吗？"曹彬老将，经验丰富，回答："周世宗时，大将史超在石岭关一战即败，人心震恐，不得不还军；太祖扎营于甘草地中，军人因水土原因多得腹疾下泄，也只得提军而返。太

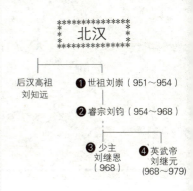

▲ 北汉谱系图

北汉（951~979）

五代十国时期"十国"之一。一称东汉，刘崇所建。都城晋阳（今山西太原西南），称太原府。鼎盛时疆域达十二州，约为今山西省中部和北部。共历四主，存在29年。

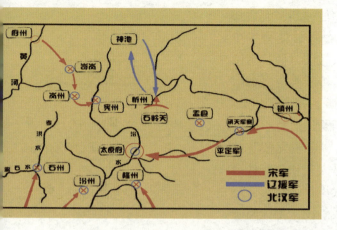

▲ 宋灭北汉之战示意图

契丹

古代出现在东北地区的一个民族。自北魏开始，契丹就在辽河上游一带活动，唐末建立地方政权，唐灭亡的907年建立契丹国，后改称辽，统治中国北方。

原城池虽坚固，但并非想象中那样不可攻克。"于是宋太宗便不再听宰相薛居正等人的劝谏，坚定了北伐之意。于是，太宗遣潘美、崔彦进、李汉琼、曹翰、刘遇等大将，率各路兵马直趋太原。

宋初时与契丹一直关系融洽，乍闻宋朝伐北汉，契丹君臣吓一大跳，忙遣使者来问："你们以什么名义来战？"太宗血气方刚，拍胸脯言道："河东逆命，正应兴师问罪！如北朝不援，和约如故；否则，只有兵戎相见！"此种豪言壮语，宋朝自太宗以后的近300年内，都没有再听到半句！

此时北汉的"皇帝"正是刘继元。辽朝得知宋朝出兵，马上派出北院大王耶律奚底率兵守燕地，以南府宰相耶律沙等人率军去北汉进行援助。

宋朝的云州观察使郭进是沙场宿将，一早就在石岭南固守等候敌军。辽朝耶律沙率前部人马行至白马岭，隔一条阔涧，正好看见宋军严阵以待。耶律沙想等后军赶至再进攻，但监军耶律敌烈等人好大喜功，认定要趁宋军立足未稳，马上出击。于是，耶律沙只得下令辽兵进攻。倘若在平原，人如猛虎马如龙的辽军精骑忽然冲锋，肯定占尽优势。但是，此时道路崎岖，山地纵横，前面又是一条大涧横亘，辽兵丧失了突然发威的冲力，或下马，或边试水深边前行。未等这些辽军上岸，郭进率宋军迎头猛击，大败辽军。耶律敌烈父子以及耶律沙的儿子均被杀死，耶律沙本人勉强逃得一命。

宋军愈战愈勇，连克太原周边重镇及战略要地。五月下旬，宋太宗本人也赶至太原城下，慰劳诸将，指挥攻城。宋军见皇帝亲自坐镇，"人百其勇，皆冒死先登"，刘继元手下的不少将领开始投降示好，北汉守军渐渐不支。

◇传位难题　曲折离奇◇

尽管太宗一直在文治武功上谋求超越太祖的地位，但却始终无法摆脱太祖的阴影。太宗即位之后，面对的一个头疼问题就是如何对待此后的皇位继承。按照"金匮之盟"的约定，赵廷美（即赵光美，后因避讳改名为赵廷美）是皇位第一继承人，并由赵廷美传回太祖之子赵德昭，这是太宗所不希望的。为此，太宗绞尽脑汁，一一排除传子过程中的障碍，走过了一段充满风波曲折的历程。

赵普在太宗定储一事中起到了至关重要的作用。赵普在太祖时代以佐命元臣的身份在中枢机构执政达10年之久，与太祖私交甚好，被其视为左右手。太祖时代的一系列重大事件如"陈桥兵变""杯酒释兵权"、制定统一战略等事上，赵普都发挥了相当重要的作用。赵普的权势曾一人之下，万人之上，无可比拟。他还反对过太祖传位晋王赵匡义的意图。因此，他与太宗的关系极为微妙。

太宗曾以继承之事询问赵普的意见。赵普沉浮宦海几十年，深知一朝天子一朝臣的道理，在身家性命随时有危险的情况下，政治态度自然会发生一些变化。于是，当太宗向他询问传位赵廷美之事时，赵普心知太宗心意，便说："自古帝王传位乃是父传子，当年太祖已误，陛下不能再犯太祖当年的错误。"这句话大获太宗赏识，坚定了太宗传子的信心。

太祖有两个儿子德昭和德芳。太宗继位之初，封德昭为节度使和郡王。太宗征辽时，德昭从征幽州。高梁河之战，宋军惨败，太宗只身逃脱，不知所踪。这时有人商议立德昭为帝。后来，太宗生还，

> 刘继元（？～992），北汉末代皇帝，刘钧养子，少主刘继恩弟。郭无为杀刘继恩后，立他为帝。在位11年，国亡降北宋后病死。

> 宋代的中枢机构将行政、军事、财政、监察四种大权分得十分清楚，而总之于皇帝。宋朝统治者的这些集权措施，日趋严密，甚至达到"细者愈细，密者愈密，摇手举足，辄有法禁"的程度。宋代的御史官人数没有定制，可多可少，随皇帝意旨而定，除御史中丞较固定外，其他御史可随时增减。

赵匡胤四子

长子赵德秀，早亡；
次子燕王赵德昭；
三子舒王赵德林，早殇；
四子秦王赵德芳，死因不明。

此事便不了了之。班师回京后，太宗以此次北伐不利，便不行此前平定北汉之赏，将士们心中愤愤不平。德昭便为将士们请赏，认为即使与辽作战失败了，还是应该赏赐平北汉有功的将领。太宗听后很不高兴，就说："待你做了皇帝再赏赐也不迟。"

德昭的身份本就尴尬，而叔父那番话分明又是怀疑他有夺位之心，日后不定有何灾祸，又思及父母早亡，兄弟二人不得保，一肚子委屈无人倾诉，顿生短念，回来后便自刎身亡。两年以后，德芳又不明不白地死去。于是，太宗皇位继承的两大"隐患"被消除了。

太祖的两个儿子死后，对皇位能构成威胁的就只剩下秦王赵廷美了。太宗虽然不敢明目张胆地对赵廷美下手，但只有除掉其弟，才能保证将皇位传给自己的子孙。太宗此次又想到了赵普。赵普曾因提醒太宗不可"一误再误"而深受太宗信任，必然能给自己出个良策。

没过多久，赵普就找到了赵廷美的一大罪证，他查到了卢多逊私交赵廷美的事情。赵普立刻把这件事情告诉了太宗，说卢多逊盼着太宗早日去世，以便尽力侍奉秦王赵廷美，而且赵廷美对卢多逊的行为也非常满意，还送给卢多逊弓箭等作为礼物。太宗听了很生气，于是借题发挥，严惩卢多逊和他的同党。有传言就有附和之人，大臣王溥等74人联名上奏说卢多逊及赵廷美诅咒太宗，大逆不道，应该予以处罚。卢多逊被削夺官爵，其身边的人不少；赵廷美被赶出府邸，且他的儿女不再称皇子皇女。

赵普通过此案既讨好了太宗，又打击了政敌卢多逊，一箭双雕。但赵廷美的悲惨命运还没

▲ 赵德昭像，取自《江苏丹阳赵氏宗谱》

到头。赵普进一步挑唆开封知府李符落井下石，说赵廷美不思改过，而且还有许多怨言。于是，赵廷美再次被降职，并且被太宗派人监视。赵廷美在忧郁中度过了两年，便去世了。经过上述种种手段，太宗终于清除了障碍，将皇位传给儿子。

■历史评价 |

总体来说宋太宗治政有为。于978年迫使吴越"纳土"；之后于979年又消灭五代十国最后一个割据政权北汉。同年，宋太宗移师幽州，试图一举收复幽云十六州，在高粱河（今北京西直门外）展开激战，宋军大败，耶律休哥射伤宋太宗，宋太宗狼狈逃走。他两度伐辽失败。980年，宋太宗又试图统一交趾（今越南北部），但不幸以失败告终，交趾最终得以保持独立地位。宋太宗任内还爆发了四川王小波、李顺农民起义。

毛泽东读过脱脱的《宋史·太宗本纪》所记"帝沈谋英断，慨然有削平天下之志"后，写下了"但无能"。对宋太宗在与契丹人的战争中屡战屡败，毛泽东批注："此人不知兵，非契丹敌手。尔后屡败，契丹均以诱敌深入、聚而歼之的办法，宋人终不省。"

■大事坐标 |

976 年	宋太祖暴亡后继位。
979 年	率军征讨北汉，北汉灭亡。为夺取幽州，在高粱河与辽军作战，被击败。
997 年	病死于万岁殿，归葬永熙陵。

■关系图谱 |

守成之主

宋真宗赵恒

■名片春秋

宋真宗赵恒（968～1022），宋太宗第三子，原名赵德昌，后改名元休、元侃。宋朝第三位皇帝。登基前曾被封为韩王、襄王和寿王，曾任开封府尹。997~1022 年在位，共 25 年，葬于永定陵。曾经御驾亲征几次，使国威大扬，给国家带来了一定时期的和平发展，使北宋进入经济繁荣期。历史上的"澶渊之盟"也发生在其执政期间。

■风云往事

◇水到渠成　入主东宫◇

　　原本赵恒是没有资格继承皇位的，他既不是长子，母亲也不是皇后。但是其大哥赵元佐发疯、二哥赵元僖暴死之后，他也就理所当然地被推到了继承皇位的宝座上。而且传闻太宗晚年迷信相术，曾召一僧人入宫给子侄诸王看相。僧人看了几个子侄，只有赵恒还在睡觉，没有出来。僧人却奏告说："我遍观诸王，命都不及寿王。"太宗说："你还没有见过他，怎么知道他的命最好？"僧人说："我刚才见站在寿王门前的三个仆人，他们个个气度不

励学篇

宋真宗赵恒
富家不用买良田，书中自有千钟粟。
安居不用架高堂，书中自有黄金屋。
娶妻莫恨无良媒，书中自有颜如玉。
出门莫恨无人随，书中车马多如簇。
男儿欲遂平生志，五经勤向窗前读。

凡，气宇轩昂。仆人尚且如此，他们的主人自然更高贵了。"于是，太宗就立赵恒为太子。

太宗于 997 年三月病死，太子赵恒即位，称宋真宗，第二年改年号为"咸平"。即位之初，真宗任用李沆等人为宰相，勤于政事，分全国为十五路，各路转运使轮流进京述职，减免五代以来的欠税，也能注意节俭，政治较为安定。但是与久经沙场的太祖、太宗不同，从小生活在深宫中的赵恒性格较为懦弱，缺乏开拓创新的决心和勇气。在他看来，坚持太宗晚年推崇的黄老无为思想，这种保守的战略才是最好的选择。宋辽签订澶渊之盟后，真宗在政治上没有什么作为，后期任用王钦若大兴祥瑞，东封泰山，西祀汾阳，粉饰太平，又广建佛寺道观，劳民伤财，导致社会矛盾激化，使得宋王朝的"内忧外患"日趋严重。

▲ 宋真宗赵恒坐像

◇守成之主　澶渊之盟◇

从雍熙北伐惨败之后，宋王朝就开始惧怕辽朝，逐渐由主动进攻转为被动防御。相反，辽朝对宋朝却是步步紧逼，不断南下侵扰宋朝。自 999 年开始，辽朝更是肆无忌惮，陆续派兵在边境挑衅，掠夺财物，屠杀百姓，给边境地区的居民带来了巨大灾难。虽然宋军在杨延朗、杨嗣等将领的率领下，积极抵抗入侵，但辽朝精兵强将，十分骁勇，给宋朝边防带来的压力愈益增大。

1004 年秋，辽国萧太后、圣宗亲自率领 20 万大军南下，直逼黄河岸边的澶州（今河南濮阳）城下，威胁宋朝的都城。守城将领五次紧急通报，赵恒问计于群

▲ 契丹族的生活

辽

南京幽都府

易州 涿州

威虏军 固安

北平军 静戎军 霸州

望都 雄州 信安军

正州 保州 莫州

邓州 顺安军

镇州 瀛洲

渤海

冀州

宋

贝州

洺州 黄河

天雄军

北城 济水

通利军 南城

韦城

东京

○ 围攻地
→ 辽军南段路线
→ 宋军北上抗辽路线

▲ 澶渊之战示意图

臣。副宰相王钦若、陈尧叟主张逃跑，任职仅一个月的宰相寇准则厉声反对说："说这种话理应当斩！"他说，如果放弃汴京南逃，势必动摇人心，敌人会乘虚而入，国家就难以保全了；如果皇上亲自出征，士气必定大振，就一定能打退敌兵。赵恒同意御驾亲征，由寇准随同指挥。到了韦城（今河南滑县东南），赵恒畏惧不敢应敌。寇准严肃地说："如今敌军逼近，情况危急，我们只能前进一尺，不能后退一寸。河北我军正日夜盼望陛下驾到，进军将使我河北诸军的士气百倍，后退则将使军心涣散、百姓失望，敌人乘机进攻，陛下恐怕连金陵也保不住了。"赵恒这才勉强同意继续进军，渡河进入澶州城（今河南濮阳）。远近各路宋军见到皇上的黄龙大旗，都欢呼跳跃，高呼"万岁"，士气大振。寇准指挥宋军出击，将士们个个英勇杀敌，消灭辽军数千，并射死了辽军主将萧达兰。萧太后见辽军陷入被动，要求议和。经过寇准的坚持和使者曹利用到辽营一再请求，于十二月正式议定：宋朝送给辽以岁币银 10 万两，绢 20 万匹，换得辽军撤走。这就是历史上的"澶渊之盟"。从此，北宋人民的负担更加沉重了。

◇幕后女人　垂帘听政◇

真宗先后立了三位皇后，第一位妻子潘氏是名将潘美第八个女儿，在真宗即位之前就去世了，后被追封为皇后。郭氏是真宗第二任妻子，真宗即位后被封为皇后，于 1007 年去世。真宗的第三位皇后，就是著名的刘皇后。

这位对北宋政局产生过重要影响的刘皇后，一生颇具传奇色彩。刘氏原名刘娥，是四川成都人，出身贫寒，父亲在她小时候就去世了，跟随外祖母家的亲戚四处流浪，十几岁时就嫁给银匠龚美为妻。后来，龚美带着刘氏到京城做生意。龚美生意不好，走投无路，就想把刘氏卖掉。真宗（当时还是襄王）的幕僚张旻见过刘氏后，觉得她聪慧貌美，想起真宗曾想娶个四川女子，就安排两人见面。真宗见到刘氏后非常满意，花重金将其买下来。太宗知道此事后大怒，勒令真宗把刘氏逐出襄王府。父命难违，但真宗却对刘氏念念不忘，就想了个主意，偷偷把刘氏寄养在张旻家。

即位后，真宗终于可以自己做主，便把刘氏接到了皇宫，疼爱依旧。刘氏在宫中的地位不断上升，1012 年升为德妃。当时郭皇后已经去世，在后宫中，刘氏的地位最高，离皇后宝座只有一步之遥。在郭皇后去世之后，真宗有意立刘氏为后，但他也知道刘氏的出身是最大的障碍。真宗想不出更好的办法，就找参知政事赵安仁商量。因刘氏出身卑微，赵安仁反对立她为后。真宗听了很不高兴。第二天又找王钦若商量，并把赵安仁的意见告诉了他。王钦若对真宗说："陛下不如问问赵安仁，他觉得谁适合当皇后。"他日，真宗问赵安仁该立何人为皇后，赵安仁建议："德妃沈氏是前朝宰相沈义伦的后人，可以做皇后。"真宗次日跟王钦若说明了赵安仁的意见，王钦若说："陛下不说，我也知道他会这样说，赵安仁过去曾经做过沈义伦的门客！"真宗觉得赵安仁徇私，就将其罢免，下决心立刘氏为后。但刘氏为人处事颇为谨慎，当真宗决定立她为后时，宰相王旦忽然请病假，刘氏担心王旦持反对意见，就劝说真宗推迟此事。后来王旦上疏表示同意立刘氏为后，

▲ 宋真宗刘皇后画像

刘娥（968～1033），宋真宗赵恒献明肃皇后，宋朝第一位摄政的太后，功绩赫赫，常与汉之吕后、唐之武后并称。史书称其"有吕武之才，无吕武之恶"。

▲ 河南巩义宋陵真宗永定陵全景

这件事情才算是尘埃落定。

刘氏由银匠之妻成为一国的皇后，绝非单单因为她的美貌。此时的刘氏已经40多岁，早已过了花样年华，吸引真宗的是她的智慧和能力。精明能干的刘氏将后宫管理得井然有序，同时在朝政方面能给真宗以帮助。真宗十分信任这个陪伴他多年的枕边人，甚至有一点依赖她。刘氏虽受真宗宠爱，但自己却没有生下一儿半女。正巧，刘氏宫里的一个侍女李氏，受到真宗宠幸产下一子（赵受益，也就是后来的仁宗）。当时刘氏还没有被封为皇后，年近四旬的刘氏意识到自己已不能生育，便接受了李氏的这个孩子，由她和另外一个嫔妃杨氏共同抚养，严禁宫中的人向孩子说明真相。聪明的刘氏十分明白儿子对她的重要性，不管是否出于真心，刘氏充当了一个合格母亲的角色，细心地抚育赵受益，母子感情十分融洽。真宗先后有5个儿子，但都陆续夭折。赵受益的降生，令中年得子的真宗喜出望外，所以对赵受益甚是疼爱。1018年中秋节，真宗正式下诏册立8岁的赵受益为皇太子，改名为赵祯。

1022年二月，真宗的身体每况愈下。弥留之际，真宗放心不下年幼的太子，丁谓等人向真宗保证将全力辅佐太子，真宗这才稍稍安心。二十日，真宗死于延庆殿。太子赵祯即位。遗诏规定：尊刘皇后为皇太后，在仁宗成年之前帮助仁宗处理朝政。真宗去世之后，刘皇后垂帘听政，把持朝政达10余年。

■历史评价 |

宋真宗是中国历史上卓越的政治家、思想家、军事家。宋真宗治国有方，使北宋的政权日益稳固，国家管理日益完善，社会经济繁荣，国势比较强盛，史称"咸平之治"。宋真宗爱好文学，也是一名诗人，他比较著名的诗有《励学篇》《劝学诗》《工鸟学》《七绝》《赐丁谓》，以及词作《西江月》等。著名诗句"书中自有黄金屋，书中自有颜如玉"就出自真宗的作品。

真宗时，冶铁工艺进步，铁制农具日益普及，土地耕作面积增至 5.2 亿亩。此外还引进暹罗良种水稻，农作物产量倍增，纺织、染色、造纸、制瓷等手工业、商业蓬勃发展。景德年间，专门制作瓷器（原名白崖场）的昌南镇改名为景德镇，贸易盛况罕见。

统治后期，真宗任用王钦若和丁谓为宰相，信奉道教和佛教，封泰山、祀汾阳，诏令丁谓修建了玉清昭应宫，极侈土木，七年始成，有房屋近 3 000 间，"小不中程，虽金碧已具，必毁而更造，有司不敢计其费"，民众负担加重。

■大事坐标 |

968 年	出生。
997 年	宋太宗去世后继位。
998 ～ 1003 年	"咸平之治"。
1004 年	辽国南侵，被挡在黄河，宋辽签订"澶渊之盟"。
1008 年	封禅泰山。
1022 年	去世，宋仁宗赵祯即位。

■关系图谱 |

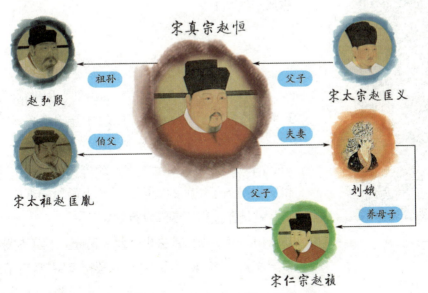

宋真宗赵恒

赵弘殷 ——祖孙—— 宋真宗赵恒 ——父子—— 宋太宗赵匡义

宋太祖赵匡胤 ——伯父——

宋真宗赵恒 ——夫妻—— 刘娥

宋真宗赵恒 ——父子—— 宋仁宗赵祯

刘娥 ——养母子—— 宋仁宗赵祯

仁慈宽厚

宋仁宗赵祯

■ 名片春秋 |

宋仁宗赵祯（1010~1063），初名受益，宋真宗的第六子。1018年被立为皇太子，赐名赵祯。1022年即帝位，时年13岁，北宋第四代皇帝，1022~1063年在位，共41年。1063年驾崩于汴梁皇宫，葬于永昭陵。宋仁宗是历代帝王中屈指可数的明君圣主，宋朝在仁宗时期达到了最盛。仁宗在位期间曾推行"庆历新政"，但未克全功。

■ 风云往事 |

◇仁宗之名　当之无愧◇

宋仁宗即位之初并无实权，由刘太后垂帘听政，直到1033年刘太后去世，仁宗才开始亲政。宋仁宗是宋代帝王中的明君圣主，在位时间也最长。仁宗统治时期，国家安定太平，经济繁荣，科学技术和文化得到了空前的发展，世界上最早的纸币"交子"就是在他当政期间发行的。

1063年，宋仁宗去世，大宋朝野上下莫不哭号，举国哀痛。《宋史》记载："京师罢市巷哭，数日不绝，

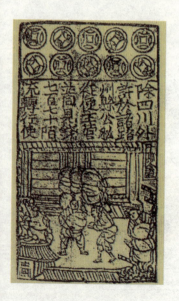

▲ 宋朝纸币"交子"

虽乞丐与小儿，皆焚纸钱哭于大内之前。"当他的死讯传到洛阳时，市民们也自动停市哀悼，焚烧纸钱的烟雾飘满了洛阳城的上空，以致"天日无光"。他的死甚至影响到了偏远的山区，当时有一位官员到四川办公，路经剑阁，看见山沟里的妇女们也头戴纸糊的孝帽哀悼皇帝的驾崩。

宋仁宗赵祯驾崩的讣告送到辽国后，"燕境之人无远近皆哭"，时为辽国君主的辽道宗耶律洪基闻此消息也十分吃惊，冲上来抓住宋国使者的手号啕痛哭，说："42年没有打过仗了。"又说："我要给他建一个衣冠冢，寄托哀思。"

耶律洪基（1032~1101），辽朝第八位皇帝；辽兴宗长子，母为仁懿皇后萧挞里。在位46年，为人昏庸，忠奸莫辨，迷于酒色，好汉文化，多作诗赋。

◇严于律己　宽以待人◇

仁宗皇帝性情温和，生活节俭，还能够约束自己，因此他受到历代历史学家、政治家的称赞。有一次，时值初秋，官员献上蛤蜊。仁宗问蛤蜊是从哪里弄来的，臣下答说从远道运来。他又问价格，答说共28枚，每枚一千钱。仁宗说："我常常告诫你们要节省，现在吃几枚蛤蜊就得花费两万八千钱，我吃不下！"他果然就没有吃。

一天，仁宗处理事务到深夜，又累又饿，很想吃碗热羊肉汤，但他忍着饥饿没有说出来。第二天，皇后知道了，就劝他："陛下日夜操劳，千万要保重身体，想吃羊肉汤，随时吩咐御厨就好了，怎能忍饥使陛下龙体受亏呢？"仁宗对皇后说："我在宫中的一时索取，便会让外边看成惯例，我昨夜如果吃了

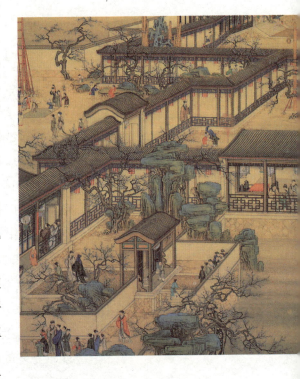

▲ 北宋张择端《清明上河图》（局部）

23

▲ 欧阳修（1007~1072），北宋政治家、文学家

羊肉汤，御厨就会夜夜宰杀，一年下来要数百只，形成定例，日后宰杀之数不堪计算。为了我一次夜宵就留下此恶习，且又伤生害物，于心不忍，因此我宁愿忍一时之饿。"

仁宗皇帝对人仁慈宽厚，对自己的要求也非常严格。他衣食简朴，史书中记录了他大量严于律己的故事。有一次，仁宗散步时不停回头观望，随从们都不知道皇帝在看什么。仁宗回宫后，着急地对嫔妃说道："朕渴坏了，快倒水来。"嫔妃觉得奇怪，问仁宗："为什么在外面的时候不让随从伺候饮水，而要忍着口渴呢？"仁宗说："朕屡屡回头，但没有看见他们准备水壶，如果我要是问的话，必有人因此事受责罚，所以就忍着口渴回来再喝水了。"可见仁宗仁慈、律己的美德。

◇知人善任　善听劝诫◇

仁宗在位期间，不仅出现了铁面无私的断案能手包拯，还出现了"求之千百年间，盖示一二见"，在《岳阳楼记》中唱出"先天下之忧而忧，后天下之乐而乐"的范仲淹，以及倡导文章应明道、致用，领导北宋古文运动的欧阳修……而仁宗庆历初年实施的那场由范仲淹主持的"庆历新政"更为王安石变法起到了投石问路的先导作用，这与仁宗的知人善任有着很大关系。

仁宗的善于纳谏成就了千古流芳的包拯。包拯在担任监察御史和谏官期间，多次直言不讳，唾沫星子都飞溅到仁宗脸上，但仁宗一面用衣袖擦脸，一面还积极听取他的谏言。有一次包拯要撤掉三司使张尧佐的职务，理由是他过于平庸，可张尧佐是仁宗宠妃的伯父，仁宗有点为难，于是想了办法，让张尧佐去当节度使，包拯还是不愿意，甚至找来帮手，带领七名言官与仁宗理论，仁宗生气地说："你们打算和我讨论张尧佐封节度使的事吗？节度使只不过是一个小官，还有什么可争论的？"七人中排名最末的唐介不客气回答道："节度使，太祖和太宗都曾做过，恐怕并不是小官。"最终张尧佐也没能当成节度使，仁宗回到后宫，对张贵妃说："你只知道帮你伯父要节度使的职位，你怎么不想想御史是包拯？"一个惧怕大臣的皇帝，一般来说肯定会受到人民的拥护。宋仁宗正是这样一个皇帝。

"忍把浮名，换了浅斟低唱"的柳永，多年苦读才通过了科举考试。但在仁宗看来，他不适合做官，还是填词的好，就将他从名单中去掉了。宋仁宗说："且去浅斟低唱，何要浮名？"柳永于是反唇相讥，说自己是"奉旨填词"。讥讽仁宗的柳永不但没被杀头，填词也未受影响，且填得更加放肆，这充分体现了仁宗的宽容。也因此，柳永非但不生仁宗的气，还"愿岁岁，天仗里常瞻凤辇"。这是什么意思？就是说，老百姓希望年年都能看到宋仁宗的仪仗，瞻仰宋仁宗的风采，天下百姓都拥戴宋仁宗。能让柳永这样放浪不羁的人不计前嫌且大唱赞歌，除却仁宗，还能有谁呢？

▲ 柳永（约987~约1053），
北宋词人

◇ 人尽其才 硕果累累 ◇

因为只有变法才能改变积贫积弱的现象，才能富国强兵，所以宋仁宗一辈子最想做的事情就是变法。可是做了长期准备工作的"庆历变法"很快就失败了。对于皇帝，我们也不能只凭成败论英雄。不可否认，仁宗确实是有不少事情没有做成，但是

雨霖铃（节选）

柳永
寒蝉凄切，对长亭晚，骤雨初歇。
都门帐饮无绪，留恋处，兰舟催发。
执手相看泪眼，竟无语凝噎。
念去去，千里烟波，暮霭沉沉楚天阔。

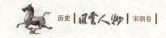

▲ 磁性指南针——缕悬法

他一辈子认定了的目标，就孜孜不倦地做下去，这也很不容易。在他还没有亲政时，就发现了范仲淹是个人才，总想加以重用。"庆历变法"失败，他并没有灰心，在侬智高入侵广南州郡之时，他又突破人事制度，力排众议，破格任用士兵出身的大将狄青为统帅，平定了侬智高之乱。在西北边疆战事不利之时，南方获得一次大捷，也足以振奋人心。在狄青受到排挤而去职之后，他又支持包拯在开封府秉公执法，压制专横权贵。在他去世前的两年，他又重用王安石，任其为知制诰，酝酿再来一次规模更大的变法。

一个精神宽松的时代才能造就一批知识人才。仁宗时代是一个知识分子精神上特别宽松的时代，所以文学艺术都得到了转好的发展。中国古文"唐宋八大家"之中，光是北宋就占了六家。这六家又都活跃在仁宗时代。宋代以科举取士，政府官员多为文学之士，在仁宗晚期，富弼、韩琦、文彦博、曾公亮相继为相，欧阳修为参加政事，包拯为枢密院副使，司马光知谏院，王安石知制诰，真正称得上人才鼎盛，君子满朝。宋代官员待遇比较优厚，这种厚禄制度，使得他们不必为衣食担忧，能够安心创作。所以文学艺术成果累累，流传万世。这样的盛事，历代只有宋代才有；宋代只有仁宗时代才有。

中国的几大发明中，能把整个世界推向近代化的三大发明——活字印刷术、火药、罗盘，都出现于仁宗执政时期。火药用为武器，首先记载于《武经总要》一书，这是仁宗时由曾公亮、丁度等人编纂的。南宋的虞允文在采石矶大破金兵，就曾经使用过霹雳炮。宋仁宗时代的进士沈括是个博学多才的大科学家，他对天文、历法、物理、数学、医学、音乐无不精通，而最重要的发明，则是用于航海的指南针。1119 年，宋代朱彧在《萍州可谈》一书中写到，当时广州的海船出海，遇到阴雨，就用指南针指示方向，这是世界航海史上最早使用指南针的记载。

◇庆历新政　失败告终◇

仁宗登基以前，宋王朝内忧外患的局面已十分严重。庆历年间，北宋和西夏开始了全面的边境战争，北宋军队三战三败，而国内起义、兵变和叛乱也层出不穷。在这种内忧外患的局势下，仁宗试图寻找解决这些危机的办法来巩固赵宋王朝的统治。

1043 年，北宋与西夏之间初步达成和议，仁宗将范仲淹从西北前线召回到中央任枢密副使。八月份，范仲淹升任参知政事。在仁宗的支持下，范仲淹开始了以整顿吏治为核心的新政，力图使有才能和德行的人得到提拔和重用，这是范仲淹的理想，也正是仁宗孜孜以求的目标。但是，改革从根本上触及了许多官员的既得利益，赞成改革的人实际上并不多，改革施行不久就受到多方面的攻击。很多人指责范仲淹等人拉帮结派，是"朋党"。仁宗便召范仲淹询问："从来都是小人好结朋党，难道君子也结党吗？"范仲淹答道："臣在边疆时，看见勇于作战的人自结为党，朝廷也是这样，正邪力量都会聚在一起，各有其党。唯圣上明察。一心向善的人结为朋党，对国家有什么坏处呢？"就在此时，欧阳修也进呈著名的《朋党论》，表达了对范仲淹的支持。而朝野上下对此则一片质疑之声，甚至连同样得到仁宗信任的宰相章得象也在仁宗面前攻击

▲ 宋仁宗赵祯坐像

27

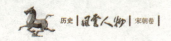

范仲淹等人结成朋党。更有奸臣诬陷范仲淹、富弼、欧阳修、石介等人犯下大逆不道之罪，想要废掉仁宗，另立新帝。仁宗此时虽表示不信流言，但却进一步加深了他对范仲淹等人相互标榜为君子的反感。随着改革的进行，仁宗深受外界言论的影响，加上他对朋党的敏感，1045年，辽、西夏对宋的威胁相继解除，犹疑不定的仁宗在矛盾和权衡中，不得不做出决定：先后罢去范仲淹、富弼和认同新政的宰相杜衍，让他们去地方当官。短暂的"庆历新政"遂告失败。

▲ 河南巩义宋陵仁宗永昭陵

■历史评价Ⅰ

著名史学家陈寅恪言："华夏民族之文化，历数千载之演进，造极于赵宋之世。"陈寅恪言所说的"造极"的"赵宋之世"，主要是指宋仁宗统治时期。

事实上，"仁"就是对帝王的最高评价，"为人君，止于仁。"一个善待臣民，又善于接受谏诤的皇帝，肯定会赢得百姓爱戴，甚至会得到敌国的敬重。宋仁宗之后，当王安石变法失败，宋神宗赵顼又恢复了祖父宋仁宗赵祯温和的改良做法时，辽国君主急忙召集将领，说："不许再去边界惹事了，宋朝又回到了仁宗的路上。"可见辽国人对宋仁宗敬畏之深。

在大多数宋人眼里，"仁宗盛治"远过"贞观之治""开元盛世"。在宋代赞颂仁宗及其"盛治"的人不计其数，这些人包括欧阳修、司马光、王安石、曾巩、胡安国、刘光祖、周必大、杨万里、王璧、陈俊卿、刘克庄、赵汝腾、叶适、王十朋、文天祥等。

■**大事坐标** I

1010 年	出生。
1018 年	被宋真宗正式下诏册立为皇太子，并改名为赵祯。
1022 年	宋真宗去世后即位。
1043 年	在范仲淹的主持下，开始实施"庆历新政"。
1044 年	宋、夏达成和议，宋每年"赠"西夏帛银等物品，西夏称臣。
1063 年	驾崩于汴梁皇宫，葬于永昭陵。

■**关系图谱** I

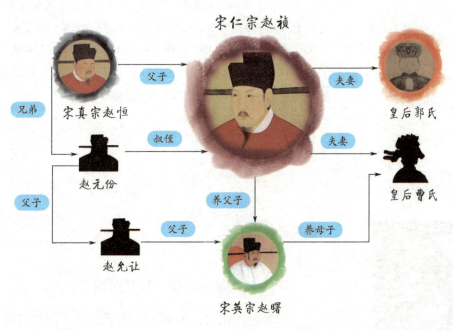

才高命短

宋神宗赵顼

■名片春秋 |

宋神宗赵顼（xū）（1048~1085），又名仲针，宋英宗赵曙长子。1066年被立为皇太子，次年即帝位。北宋第六位皇帝，1067～1085年在位，共18年。即位后，命王安石推行变法，以期振兴北宋王朝，史称"王安石变法"，又称"熙宁变法"。1085年，神宗崩殂于福宁殿，葬于永裕陵。

▲ 宋李嵩《货郎图》（局部）

■风云往事 |

◇即位之初　形势严峻◇

宋神宗即位时，宋朝已延续了上百年。宋初制定的许多政策，其弊端已经渐渐显露出来。

这些弊端的主要表现为：军费开支庞大，官僚机构臃肿而政费繁多，官场腐败盛行，加上每年给辽和西夏的大量岁币，使北宋财政年年亏空。据《宋史·食货志》记载，至1065年亏空已达1 570多万。由于高利贷盘剥，豪强兼并和赋税徭役的加重，广大农民屡屡发起暴动反抗，各地起义不断，辽、西夏也在边境虎视眈眈。

值此内忧外患、财政困乏之际，神宗对太祖、太宗皇帝所制定的"祖宗之法"产生了怀疑。他力图"思除历世之弊，务振非常之功"，表现出"励精图治，将大有为""奋然将雪数世之耻"的政治气概。

◇坚持己见　提拔新人◇

在即位之前赵顼已闻知王安石的政治抱负和才能，并十分想见王安石本人，因此即位不久，就命王安石出任江宁知府。几个月后，又封王安石为翰林学士兼侍讲，对其寄予治国安邦的厚望。神宗对王安石的器重，引起了在朝老臣的不满。宰相韩琦执政三朝，本该辅佐新帝，有所作为。然而见神宗提拔新人，却坚辞相位，出判相州。神宗问："你走了谁可以帮朕治理国家？王安石怎么样？"韩琦说："王安石作为翰林学士倒是可以，但是处于辅佐之位则不可。"表明了他反对王安石的态度。元老重臣富弼在罢相位时，推荐了文彦博，他也反对王安石当宰相。对此，神宗或以不答相对，或以漠然置之，坚持了自己的想法。除老臣外，当朝大臣如参知政事吴奎、御史中丞吕诲、参知政事唐介、侍读孙固等也都以王安石"护前自用""论议迂阔""狷狭少容"等为理由，极力反对王安石为相。面对种种阻挠，神宗力排众议，于1069年二月果断地拜王安石为参知政事，委以重任，从而揭开了变法图治、富国强兵的序幕。

◇力排众议　推行新法◇

为了及时有效地制定和推行新法，神宗还特命设置了"制置三司条例司"，即制定户部、度支、盐铁三司条例的专门机构，由王安石和知枢密院事陈升之主持。在这个机构中，神宗听从王安石的推荐，进一步起用了吕惠卿、章惇、蔡确、曾布、吕

▲ 王安石（1021~1086），北宋丞相，政治家、文学家、改革家

▲ 安徽铜陵大明寺王安石讲学处

嘉问、沈括、薛向等一批新人。这些人都有一定的实际才干，在协助王安石拟定和贯彻新法上发挥了积极的作用。在变法的过程中，神宗以君权的力量，保证了一系列新法的推行。

1069 年，新法逐渐出台、实施。王安石的变法对巩固宋王朝的统治确实很有帮助，增加政府收入，但是也触犯了大地主、大官僚的利益，因此遭到了许多朝臣的反对。他们不仅从新法的内容和效益上进行非难，而且在思想、道德上指责王安石"变祖宗法度"，"以富国强兵之术，启迪上心，欲求近功，忘其旧学"，"尚法令则称商鞅，言财利则背孟轲，鄙老成为因循，弃公论为流俗"。面对这些压力，宋神宗有些动摇，就询问王安石："现在人们到处议论变法，批评变法，不守祖宗的规矩，你觉得应该怎么办？"王安石早就预料到变法的这些阻力了，于是坦然答道："陛下认真处理政事，怎会天变？陛下经常征询意见，怎么能说没有照顾舆论呢？至于祖宗规矩，本来就是应当顺应新情况加以改变的。"听了王安石的话，神宗暂时安定下来。

在王安石与守旧势力的斗争中，神宗选择竭尽全力站在变法这边，先后罢退一批反对变法的官员。1070 年，神宗进一步提升王安石为同中书门下平章事。王安石居相位，有了更大的权力。于是，农田、水利、青苗、均输、保甲、免役、市易、保马、方田等新法先后颁行天下，变法进入了高潮。

◇ 左右摇摆　变法失败 ◇

随着变法的逐步深入，触及大地主、大商人的利益越严重，守旧势力的进攻就越

▲ 南京半山园王安石故居

猛烈。神宗虽预料到实行变法会遇到阻力，但守旧派如此坚决的反对态度，却是他始料未及的。与此同时，另一股势力也在影响着神宗，那就是来自后宫的巨大压力。于是，神宗开始拿不定主意，他希望在平衡各派势力的情况下，勉力维持新政。

1074年春，久旱无雨，朝内外守旧势力以"天变"为借口，又一次掀起对变法的围攻。这一次围攻得到了仁宗曹后、英宗高后和神宗向后的支持。以太皇太后曹后为首的外戚参与反对变法，不能不对神宗产生巨大影响。这是因为英宗、神宗一系实非仁宗嫡嗣，只是由于仁宗无子，才把英宗选为皇储最后继承皇位，所以仁宗的曹后和神宗之母高后对神宗有较大的威慑力量。神宗于是开始动摇。当王安石对所谓的"天变"据理反驳时，神宗不再听从王安石"天变不足惧"的解释了，相反他认为"天变"不是小事，须引起重视。四月，神宗终于在曹后、高后再次流涕，向神宗哭诉"安石乱天下"的情况下，免去王安石相位，改任其为知江宁府，变法遭受挫折。虽然1075年二月神宗重新起用王安石，但随着守旧派势力的增强，变法派内部意见的分歧，神宗对王安石专用信任的程度大大降低，"王安石再相，上意颇厌之，事多不从"，变法不能推进。1076年，天上出现彗星，守旧派又以"天变"对变法提出非议，神宗对变法的态度彻底动摇。他对王安石说："闻民间殊苦新法。"十月，王安石不得不复求罢相，出判江宁府。

王安石变法的失败归根到底都是神宗向守旧势力妥协的结果。神宗的政治目标是希望通过变法富

▲ 宋神宗赵顼坐像

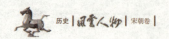

国强兵，但既怕得罪两宫太后，又怕出乱子，所以才不能实现真正的变法。

■ 历史评价 ┃

王夫之《宋论》称："宋政之乱，自神宗始。"不过，神宗对宋朝的贡献是无可否认的。神宗在位18年，"不治宫室，不事游幸"，致力于实现富国强兵的目标。他支持王安石变法，抑制了豪强兼并和高利贷者的活动，保证了自耕农的生产条件，中央和地方财政得以大大改善。在守旧势力的反对下，神宗虽然摇摆于新旧两党之间，但他维持新政、坚持变革的决心不变，确是宋朝有抱负、有作为的皇帝。

■ 大事坐标 ┃

1048 年　　出生。
1063 年　　受封光国公，后又加同中书门下平章事，受封淮阳郡王。
1064 年　　进封颍王。
1066 年　　被立为皇太子，次年即帝位。
1069 年　　开始实施变法。
1085 年　　崩殂于福宁殿。

■ 关系图谱 ┃

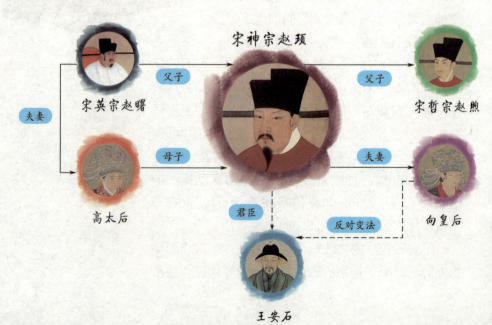

青楼天子

宋徽宗赵佶

■ 名片春秋 |

宋徽宗赵佶（jì）（1082~1135），宋神宗第11子，宋哲宗弟。赵佶先后被封为遂宁王、端王。宋朝第八位皇帝，1100~1126年在位。宋哲宗于公元1100年正月病死，当时无子嗣，向太后于同月立他为帝。第二年改年号为"建中靖国"。宋徽宗国亡被俘受折磨而死，葬于永佑陵。

■ 风云往事 |

◇太后支持　登上宝座◇

1100年，年仅25岁的宋哲宗驾崩，生前无子。皇帝只能从哲宗的13个兄弟中选择。但这些人也有许多离世，当时在世的有包括端王赵佶在内的5人。赵佶虽为神宗之子，却非嫡出，按照宗法制度，他无权继承皇位。

哲宗去世当天，向太后垂帘，哭着对执政大臣们说："天不怜我朝，哲宗皇帝无子，大事须早定。"宰相章惇当即提出，按照嫡庶礼法，当立哲宗同母弟简王赵似。不料向太后不同意。章惇只好改口说，

▲ 宋徽宗赵佶御笔崇宁通宝

▲ 宋徽宗赵佶书画作品

王诜（1048~？），字晋卿，太原（今属山西）人，北宋画家。1069年娶英宗女魏国大长公主，拜左卫将军、驸马都尉。能书画属文，工于棋。其词音调谐美，语言清丽，情致缠绵。

若论长幼，那么当立年长的申王赵佖（bì）为帝。这两个建议都没赵佶的份。然而，向太后看中的恰恰是赵佶。赵佶并非向太后所生，究竟是什么原因使向太后坚持立赵佶为帝，现在还没有官方的说法。后人猜测，可能与赵佶在向太后心目中良好的印象有关。赵佶每天都到向太后住处请安，称得上是又聪明又孝顺的孩子，因此向太后偏爱他。哲宗病重期间，向太后早已有了继承人选，因此她并不接受章惇的意见。她语气坚决地说："老身无子，所有的皇子都是神宗的庶子，不应再有区别，简王排行十三，不可排在诸兄之前，而申王眼睛不好使，不便为君，所以还是立端王为好！"表面上看，向太后办事公平，但在这些冠冕堂皇的言辞背后，显然是力排众议，为赵佶继承皇位找到合情合理的借口。章惇是反对端王即位的，他认为"端王轻佻，不可以君天下"。这是将攻击的矛头直接转向了赵佶的人品，而向太后却不以为然。双方为此僵持不下。在关键时刻，知枢密院曾布首先附和太后之议，尚书左丞蔡卞、中书门下侍郎许将也相继表示赞同。章惇知大局已定，也就不再坚持。这样赵佶被向太后、曾布、蔡卞等人推上了皇帝宝座，他就是宋徽宗。

◇结识王诜　风流成性◇

赵佶人品的确有问题，他自幼养尊处优，逐渐养成了轻佻浪荡的性格。与此同时，赵佶结交了一批与他臭味相投的朋友。他的挚友王诜（shēn），娶英宗之女魏国大长公主，被封为驸马都尉。但王诜为人放荡，行为极不检点。虽然公主温柔贤淑，尽心侍奉公婆，而王诜却偏偏宠爱小妾，使得小妾恃宠而骄，目中无人。神宗为此曾两次将王诜贬官，但他却不思悔改，甚至在公主生病时，当着公主的面与小妾寻欢作乐。品行如此恶劣之人，却是赵佶的座上宾。有一次，赵佶在皇宫遇到王诜，恰巧因为忘带篦子，便向王诜借篦子梳头。赵佶见王诜的篦子做得极为精美，爱不释手。王诜不失时机地说："近日我做了两副篦子，还有一副新的，过会儿我派人给你送过去。"当晚，王诜就差府中小吏高俅去给赵佶送篦子。高俅到赵佶府中时，正逢赵佶在蹴鞠，高俅就在旁边观看等候。高俅早年便是街头蹴鞠的行家，精于此技。见到赵佶踢得好时，高俅大声喝彩。赵佶便招呼高俅对踢。高俅哪肯放过这种机会，他尽情表现，赵佶玩得非常尽兴，便吩咐仆人向王诜传话，说要将篦子和送篦子的小吏一同留下。后来，赵佶对高俅宠到了无以复加的程度。

▲ 北宋苏汉臣《宋太祖蹴鞠图》

随着年龄的增长，赵佶愈加迷恋于声色犬马，身为亲王之尊，经常微服游幸青楼歌馆，寻花问柳，凡是京城中有名的妓女，他都不会放过，有时他还将喜欢的妓女乔装打扮带入王府中，长期据为己有。登基后，尽管后宫粉黛三千，佳丽如云，但徽宗仍不满足，经常微服出宫，寻找刺激。名噪一时的京城名妓李师师，色艺双全，慷慨有侠名，号称"飞将军"。徽宗自然不会放过她。自政和以后，徽宗经常乘坐小轿子，带领数名侍从，微服出宫，到李师师家过夜。为了寻欢作乐，徽宗专门设立行幸局专门负责出行事宜。荒唐的是，行幸局的官员还帮助徽宗撒谎，如当日不上朝，就说徽宗有排档（宫中宴饮）；次日未归，就传旨称有疮痍（染病）。皇帝不顾皇家颜面，游幸于青楼妓馆，并非光彩之事，所以徽宗总是小心翼翼，生怕被他人发现；其实多数朝臣对此都心知肚明，但却不敢过问，致使徽宗更加放荡。

▲ 宋徽宗见李师师

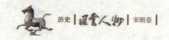

李师师（1102~1129），北宋末年色艺双绝的名伎，其事迹多见于野史。据传曾深受宋徽宗喜爱，并得到宋朝著名词人周邦彦的垂青，更传说曾与《水浒传》中的宋江有染，其事迹颇具传奇色彩。北宋亡后李师师的下落也成了千古之谜。

▲ 宋徽宗赵佶《芙蓉锦鸡图》

◇好大喜功　被俘北上◇

宋朝后历代帝王的梦想就是收复燕云地区。徽宗好大喜功，更想完成祖宗未竟之业，以建立"不朽功勋"。

1118 年春天，徽宗派遣马政等人前往金朝，策划灭辽之事。随后金也派使者到宋，研究攻辽之事，双方展开了秘密外交。在几经往返之后，双方就共同出兵攻辽基本达成一致。灭辽后，燕云之地归宋，宋把过去每年给辽的岁币如数转给金国，这就是历史上有名的宋金"海上之盟"。但是不久，徽宗听说辽朝已经知道了宋金盟约之事，担心遭到辽的报复，便违背了当时的盟约。在此期间，金军以迅雷不及掩耳之势接连攻下辽朝的中京、西京，辽末帝天祚帝也逃入山中，辽朝的败亡已成定局。在这种形势下，徽宗才匆忙命童贯带领 15 万大军以巡边为名向燕京进发，打算坐收渔翁之利。

后来，徽宗派使者前往金朝商洽盟约之事，但是，金太祖责问宋朝为何不出兵，为什么到燕京城下，并不见宋军一人一骑，拒不履行盟约。金人态度强硬，宋方毫无办法。几经交涉，金国最终才答应将后晋割给辽朝的燕京及其附近六州之地归还宋朝，条件是宋朝除每年把给辽的岁币如数转给金外，另添每年一百万贯的"代税钱"。

就这样，宋徽宗还十分得意，自以为建立了不世之功，并对参与此次战争的一帮宠臣加官晋爵。朝廷上下都沉浸于胜利喜悦之中，殊不知末日即将降临。

1125 年，金兵在俘虏了辽天祚帝后，分兵两路南下进攻汴京。赵佶吓得让儿子出来收拾残局，慌忙传位于钦宗，自称"太上皇"，仓皇南逃。后来钦宗为稳住皇位，将徽宗接回京城。1127 年，坐了

25 年皇位的徽宗赵佶和儿子钦宗一同被金人俘虏北去，被封为"昏德公"。最后，徽宗受尽屈辱折磨，死于五国城（今黑龙江依兰）。1142 年八月，徽宗的棺材才从金国运回临安。

◇政绩不佳　艺术斐然◇

据说在徽宗出生之前，其父神宗曾到秘书省观看收藏的南唐后主李煜的画像。"见其人物俨雅，再三叹讶"，随后就生下了徽宗。"生时梦李主来谒，所以文采风流，过李主百倍。"这种李煜托生的传说固然不足为信，但在赵佶身上，确也有与南唐后主的相似之处。徽宗自幼爱好笔墨、丹青、骑马、射箭、蹴鞠，对奇花异石、飞禽走兽有着浓厚的兴趣，尤其在书法绘画方面，更是表现出非凡的天赋。

赵佶在艺术上强调形神并举，提倡诗、书、画、印结合。他是工笔画的创始人，花鸟、山水、人物、楼阁无所不画，这便是卓然大家的共同特点。他用笔舒展自如，挺秀灵活，充满祥和的气氛。他注重写生，体物入微，以精细逼真著称。相传他曾用生漆点画眼睛，使形象栩栩如生，令人惊叹。赵佶的画往往取材于自然写实的物像，构思巧妙，着重表现超时空的理想世界。这一特点打开了南宋刘松年、李嵩和夏圭在山水画构图方面的变革之门。

赵佶的书法，初习黄庭坚，后又学褚遂良和薛稷、薛曜兄弟。他的妙处就在于并杂糅各家，取众人所长且独出己意，最终创造出别具一格的"瘦金书"体。宋代书法以韵趣见长，赵佶的瘦金体即体现出类同的时代审美趣味，所谓"天骨遒美，逸趣霭然"；又具有强烈的个性色彩，所谓"如屈铁断金"。这种书体，在前人的书法作品中未曾出现过。与褚遂良的瘦笔相比，只是小部分相近，大部分则不一样。与唐朝薛曜的字相比，可以说是最接近的。也

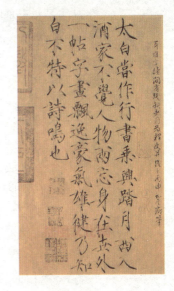

▲ 宋徽宗赵佶书法作品

▲ 宋徽宗赵佶《听琴图》（局部）

许赵佶是从薛曜的《石淙诗》变格而来的，但他的创造明显更胜一筹。这是一种非常成熟的书体。

■ 历史评价 ▎

宋徽宗"生性轻佻，不可以君天下"，是宰相章惇曾告诫向太后所说的。果然，在宋徽宗统治时代，轻佻治国，大兴土木，以满足他的个人享受。他对政事不感兴趣，加上官僚集团趁机大发横财，把北宋江山断送给北方的金。

徽宗在书画方面却取得了很大的成就，并对中国绘画的发展有过重要贡献，其中之一就是对画院的重视和发展。他对绘画的爱好十分真挚，并利用皇权推进绘画，使宋代的绘画艺术有了空前的发展。他广泛搜求古今名画1 500余件，将其分列14门，编为《宣和睿览集》，又敕令编纂《宣和书谱》《宣和画谱》，为中国美术史留下了宝贵的资料。

■ 大事坐标 ▎

1082 年	出生。
1100 年	宋哲宗病死，无子，向太后于同月立赵佶为帝。
1115 年	完颜阿骨打建立金，后建都中都。
1125 年	金灭辽。
1127 年	金军攻占东京，俘虏宋徽宗和宋钦宗，北宋灭亡。
1135 年	被囚禁9年，终因不堪精神折磨而死于五国城。

■ 关系图谱 ▎

宋徽宗赵佶

宋神宗赵顼 —父子→ 宋徽宗赵佶 ┈情人┈→ 李师师

宋神宗赵顼 — 兄弟 — 宋哲宗赵煦

宋哲宗赵煦 —父子→ 宋钦宗赵桓

向太后 — 垂政 → 宋徽宗赵佶

昏庸皇帝

宋高宗赵构

■名片春秋 ┃

宋高宗赵构(1107～1187)，徽宗之子、钦宗之弟。1127年金兵俘徽宗、钦宗北去后，赵构在南京应天府（今河南商丘西南）即位，改元建炎。他拒绝主战派抗金主张，南逃至临安（今浙江杭州）定都，建立南宋政权。统治期间，虽迫于形势以岳飞、韩世忠等大将抗金，但重用投降派秦桧。后以割地、纳贡、称臣等屈辱条件向金人乞降求和，收韩世忠等三大将兵权，杀害岳飞。1162年传位于孝宗，自称太上皇。

■风云往事 ┃

◇阴差阳错　获得帝位◇

　　宋高宗赵构为宋徽宗第九子，生于1107年。母亲韦氏地位较低，并不受徽宗的宠爱。赵构本与皇位无缘，然而，"靖康之变"中，赵宋宗室多被金兵掳去，唯独赵构成了漏网之鱼，"中兴之主"非他莫属。1127年，赵构登基，重建赵宋政权。但是，赵构这个"中兴之主"实在是有名无实，无所作为，父兄被掳的奇耻大辱都无法激起他对金人的仇恨，

靖康之耻

宋钦宗靖康年间（1126～1127），金军攻破东京，在城内搜刮数日，掳徽宗、钦宗二帝和后妃、皇子、卿贵等数千人后北撤，北宋灭亡。又称"靖康之难""靖康之变"。

▲ 宋徽宗、宋钦宗被俘图

他对金朝的恐惧已达到无药可救的程度。赵构在位期间，无论抗金战场上的胜负如何，他都是一味地投降求和，在金人面前极尽卑躬屈膝、摇尾乞怜。历史安排了一个谈"金"色变的君主来承担抗金御侮的使命，无论如何也不会有什么意义。

◇泥马渡康王◇

1127 年，金兵攻陷汴京，北宋灭亡。赵构在南京应天府（今河南商丘）即位，改年号为"建炎"。

凡开国帝王，大都有着非同凡人的奇特之处，人们由此对他们"真命天子"的身份确信不疑，赵构也不例外。赵构即位后，在金兵追击下不断南逃，据说，有一次在黄河北岸被金兵追逼，只剩下了他单身匹马。后有忠臣之子李马舍生忘死地背着他逃至河边，又驾船过河，才幸免于难。事后，赵构为了标榜自己是真命天子，有天神相助，捏造出了"泥马渡康王"的故事。他担心李马会揭穿真相，便将李马药哑，不久后又杀死了自己的救命恩人。南宋民间流传的这个"泥马渡康王"的故事，故事情节十分简单，但有两个不同的版本。

一种说法是北宋末年，时为康王的赵构赴金营为人质。金兵押其北上，途中赵构脱逃，逃至磁州时，夜宿崔府君庙，做梦梦到金兵将要攻打过来。赵构惊醒，见庙外已备有马匹，遂乘马狂奔。这匹马居然载着赵构渡过黄河，过河后即化为泥塑之马。

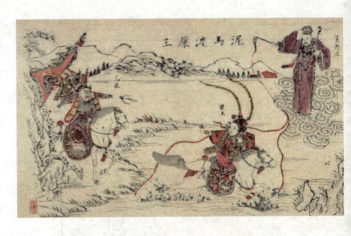

▲ 泥马渡康王

赵构赴金营为人质，历史上确有其事。靖康元年正月，金兵已经攻至开封城下，宋廷向金求和，金人要求人质的身份必须尊贵，方可退兵。钦宗命康王赵构前往金营，接下来的事情就与传说的内容完全不一样了。在金营被软禁了 20 余天后，幸运降临到了赵构的头上。由于当时赵构胆子非常大，使得金国大将错以为他是北宋大将的儿子，怀疑赵构的亲王身份，把他放了回来。而不是像故事中那样，押着赵构北上，所以赵构根本无须逃跑。钦宗只好命肃王赵枢代替赵构，赴金营为人质。在钦宗答应割地、赔款等要求后，金人暂时撤军，肃王却没有被放还，而是被掳北去，当了赵构的替死鬼。

▲ 张俊画像

另一种说法是，南宋初年，赵构已经即位，朝廷迁到扬州。金兵大举南下，前锋即将攻到扬州城下，赵构事先没有得到战报。此时闻讯，连夜仓皇出逃。他怕追兵赶上，藏匿在江边神祠内，月光下忽然发现祠中泥塑马活了起来，于是赵构乘骑此马渡过长江，逃到了杭州。

张俊（1086~1154），字伯英，今甘肃天水人，为"南宋中兴四将"之一。后转主和，成为谋杀岳飞的帮凶之一。

◇惧金皇帝　杀害忠良◇

1127 ~ 1138 年的十余年间，为了躲避金军，赵构一直辗转在东南沿海各地躲避金军。他否定了

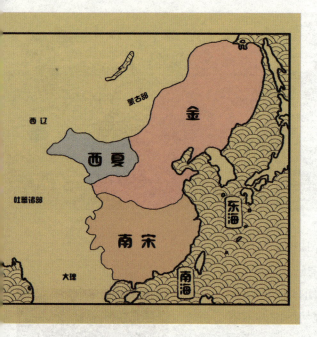

▲ 南宋与金对峙图

张俊"权都建康,渐图恢复"的建议,南逃至临安(今杭州)定都。东京留守宗泽欲渡河北伐,力劝赵构回汴京坐镇,高宗对此充耳不闻,沉迷于偏安一隅。

在他逃抵临安之初,在不得已的情况下,任用岳飞、韩世忠等主战派将领抗金,但他本色不改,后却又任用投降派秦桧为宰相,对金以求和为主,一味地屈膝妥协。1140年,金军大举入侵,宋军南下反击金军取得了顺昌、郾城等役的胜利。岳家军收复西京(今洛阳),前锋直抵朱仙镇,离汴京仅45里之遥。然而赵构却担心影响议和,他与秦桧迫令张俊、杨沂中、岳飞等撤军。完颜宗弼(金兀术)则乘机率重兵进军淮南,形成大军压境之势。为了彻底求和,高宗召韩世忠、张俊、岳飞三大将入朝,明升官职,实解其兵权。不久,又诬陷、冤杀了岳飞,同时还撤销了专为对金作战而设置的三个宣抚司。最终,他以割地、纳贡、称臣的屈辱条件,与金朝订立了"绍兴和议"。

"绍兴和议"后高宗全力排斥打击抗战派,朝政完全被议和派所把持,致使大批主战派官员被贬谪或被迫害。赵构还严禁朝廷官员及百姓有对议和不满的呼声,太学生张伯麟在壁上题词:"夫差,你忘记越王杀害你的父亲吗?"结果被打几十大板,刺配吉阳充军。

1161年九月,金废帝完颜亮撕毁和议,再次大举南侵。在采石矶(今安徽马鞍山西南)为虞允文统帅的宋军所击败,南宋再次转危为安。赵构屈辱求苟安的国策遭到了军民的强烈反对,而使他的统治难以继续维持。赵构和宰相陈康伯等商议后，以年老厌烦政务和想以"淡泊为心，颐神养志"为借口，在次年六月宣布退位，禅位于太子赵眘，自称太上皇，退居德寿宫。

■历史评价 |

赵构昏庸无能，加快了南宋王朝的衰败。但他在艺术上却有一番成就，颇有文采，写得一手好字，精于书法，善真、行、草书。他笔法洒脱婉丽、自然流畅，颇得晋人神韵。传世墨迹有《草书洛神赋》《正草千字文》及《光明塔碑》等。

■大事坐标 |

1107 年	出生。
1121 年	被封为康王。
1127 年	在南京应天府即位，改元建炎，成为南宋第一代皇帝。
1141 年	与秦桧以"莫须有"的罪名将岳飞杀害，并同金签了屈辱投降的绍兴和议。
1162 年	以想多休养为由，传位给养子赵眘，是为宋孝宗。
1187 年	死于德寿殿，庙号高宗。

■关系图谱 |

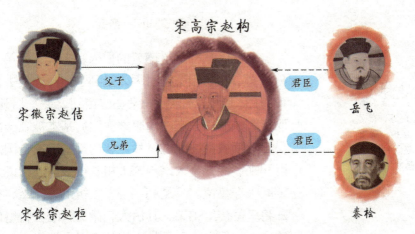

宋高宗赵构

宋徽宗赵佶 —父子→ 宋高宗赵构

岳飞 —君臣→ 宋高宗赵构

宋钦宗赵桓 —兄弟→ 宋高宗赵构

秦桧 —君臣→ 宋高宗赵构

中兴之主

宋孝宗赵昚

■名片春秋 ┃

宋孝宗赵昚（shèn）（1127~1194），字元永，宋太祖赵匡胤的第7世孙，南宋第二位皇帝，1162～1189年在位，共27年。1189年传位于儿子宋光宗赵惇。宋孝宗被普遍认为是南宋最杰出的皇帝，在位期间专心理政，百姓富裕，五谷丰登，太平安乐，史称"乾淳之治"。

■风云往事 ┃

◇星转轮回　帝位归正◇

　　宋孝宗赵昚是赵德芳的后人，宋太祖的第7世孙。高宗在扬州逃跑时因为受到了惊吓而失去了生育能力，他唯一的独子又在"苗刘之变"后死去。而英宗系的后人在"靖康之变"后基本被金一网打尽，全都被押往北方。最主要的是，出使金国的使臣回来后说，金太宗与宋太祖长得很像，传说太祖要回来夺皇位。于是高宗说，太祖大公无私，有子却将皇位传给弟弟，其后人衰微，朕准备将皇位传给太祖的后人。于是从太祖的后人中选拔，最后只

赵德芳（959~981），宋太祖第四子。后代有：赵昚，第6世孙，宋孝宗；赵惇，第7世孙，宋光宗；赵扩，第8世孙，宋宁宗；赵孟頫，第10世孙，元代书画家。

▲ 宋孝宗出征图

剩下一胖一瘦两个孩子。高宗开始中意稍胖的那个孩子，两个孩子在宫中站着，突然来了一只猫，瘦孩子非常镇静，胖孩子却伸脚去踢猫。这件事让高宗对胖孩子好感顿消，让两个孩子都留了下来。胖孩子名叫赵琢，而瘦孩子，便是赵昚。

留在宫中的赵昚，从小就接受了最好的教育。长大后封公，后来被晋封为郡王。但这位天资聪明的准皇储有一点就是和权臣秦桧关系很僵，主要是赵昚比较厌恶秦桧的屈辱求和，而秦桧也顾忌赵昚能力太强。赵昚的生父病故，秦桧于是上奏要求赵昚守制三年，因为赵昚的皇太子身份并未确定，所以这个要求并不过分。秦桧是想借机免去他的皇储身份，但高宗并没听他的建议，守孝期满后，赵昚继续回宫。后来，秦桧病重，是赵昚及时得到消息，通知了高宗。高宗亲自去相府探视，粉碎了秦桧和他的爪牙准备让秦桧儿子秦禧当宰相的企图。

高宗皇帝挽词

宋孝宗赵昚
草昧千龄旦，飚回九县尘。
皇天开我宋，丹极下真人。
指顾山河定，欢呼历数新。
断鳌重立极，更与物为春。

▲ 宋孝宗赵昚坐像

赵昚在宫中住了将近20年，却一直未被确定太子的名分，主要有三点原因：首先就是高宗还是抱有幻想，认为自己也许还能恢复生育能力，再生个儿子出来。其次是秦桧的强烈反对。再次是高宗的生母韦太后不喜欢赵昚，而喜欢另一个孩子赵琢。直到韦太后死去，高宗使出了最后一招，给两位准继承人每人送去美女10名，过了一阵子又把她们召回。经过检查，发现给赵琢的那10人都已经不是处女，而给赵昚的那10人依旧都是"完璧"。于是，高宗终于下定决心，确立了赵昚的皇太子地位。

◇励精图治　重整河山◇

赵昚即位之初，就开始着手革除南宋初期以来政治上的种种弊端。他积极整顿史治，裁汰冗官，加大对贪官污吏的惩治力度，严格对官吏的考核，甚至亲自任免地方中下级官吏。

南宋建立以后，国库短缺，孝宗尽量减少不必要的开支，还常召负责财政的官吏进宫，认真核查具体账目，详细询问各项支出和收入，稍有出入，就一定要刨根问底。

为了改变积贫积弱的局面，孝宗非常重视农业生产，不仅每年都亲自过问各地的收成情况，而且还十分重视新物种的研发。一次，范成大进呈一种叫"劫麦"的新品种，孝宗特命人先在御苑试种，发现其穗实饱满，才在江淮各地大面积推广。

在军事上，孝宗推行军事改革。孝宗在位年间，积极选拔将领，还举行了三次大规模的阅兵，自己也学习骑射。因此，南宋的军队战斗力得以很大的提高。他又先后派遣使臣范成大和赵雄出使金国。首先是要回河南；其次是改变宋

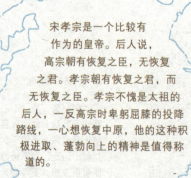

宋孝宗是一个比较有作为的皇帝。后人说，高宗朝有恢复之臣，无恢复之君。孝宗朝有恢复之君，而无恢复之臣。孝宗不愧是太祖的后人，一反高宗时卑躬屈膝的投降路线，一心想恢复中原，他的这种积极进取、蓬勃向上的精神是值得称道的。

朝皇帝接受金国使臣递交国书时，亲自下殿去取的礼。不过，这两条都遭到了金世宗的拒绝。

◇有心杀贼　无力回天◇

在秦桧为宰相期间，将朝中的主战派迫害打压殆尽。所以孝宗时的总帅只有张浚，将也就是李显忠、邹宏渊、虞允文等人。其中，只有一个虞允文可堪大用。孝宗一直和主和派斗争，但可悲的是他当了27年皇帝，前25年高宗影响着他。高宗坚决反对主战，甚至对孝宗说，等我百年之后，你再为之。以孝顺著称的孝宗不可能一点都不听。孝宗为人勤政、节俭，孝宗朝也是南宋国力最强的时候。可惜孝宗碰上了有"小尧舜"之称的金世宗这样的明君，金国虽然对宋采取守势，但没有内乱。宋和金此时属于绝对的均势，没有打破平衡，所以都无法消灭对方。相比两宋的其他皇帝，孝宗更让人同情些。

▲ 江西吉安杨万里雕塑

纵观孝宗一朝，对外力图中兴恢复，最后却徒劳无功；在内重新树立起了皇权的威严，但吏治腐败、民乱迭起的状况却难以实现根本好转。淳熙后期，孝宗已经深感力不从心，开始厌倦烦琐的政事，打算让位于太子，但碍于太上皇高宗还健在，一时无法施行。1187年，高宗病逝，孝宗决定服丧三年，以"守孝"为名退位。1189年，宋孝宗正式传位于太子赵惇，是为光宗，自己退居重华宫，做起了太上皇。

◇君臣相对　一世纠结◇

纵观南宋的九个皇帝中，孝宗是其中最优秀的君主。他生活节俭，德行仁孝，理政睿智，积极进取。而杨万里也是一位非常难得的大臣。他为官清廉，爱国爱民，性格刚直。本应关系融洽的一对君臣，却并非像想象中的那么融洽。

1185年五月，浙江沿海一带发生地震，孝宗就如何赈灾善后事宜下诏咨询在京的大小官员。当时，杨万里在吏部当郎中，遂上书《论时政十事》，其中有三条意见，把宋孝宗气得要命。一是劝孝宗赈灾不是当务之急，眼前最急的事情是恢复中原；二是"精专备敌之策"；三是主张选用人才，积极备战。

表面上来看，杨万里的意见很有必要，那孝宗为何生气？不是孝宗昏庸，而是当时时局发生根本变化。这时张浚、虞允文等人早已相继去世，二次北伐还未开始就完全流产，朝廷无将可用，孝宗因此而萌生"退位"的想法。

▲ 广东惠州杨万里石像

▲ 宋光宗赵惇坐像

不能备战，那就得修内政，关注民生，震后赈灾即为"急务"。另外，杨万里主张选用人才，莫非是在说孝宗平时不注重人才的选拔，孝宗是个明白人，焉能不去多想？好在这一次宋孝宗生气之后并未真正记恨杨万里，还让杨万里去陪太子读书，做太子侍读。

结果1188年，高宗去世以后，朝廷就谁该配飨高宗庙祀一事展开讨论。翰林学士洪迈上书建议，应该让已故宰相吕颐浩等人配飨，而杨万里则坚称应该让主战名将张浚配飨，双方争执不下，孝宗最后采纳了洪迈的建议。这一来，杨万里不能忍了，连续上折，一面指斥洪迈专辄独断，无异"指鹿为马"；一面详述张浚的种种功绩，提醒孝宗别干"鸟尽弓藏"的傻事。据宋史记载，这一次孝宗真的生气了，跟身边大臣抱怨："万里以朕为何如主？"也就是说，你杨万里把我当什么样的皇帝了？难道我是昏君吗？一气之下，把杨万里撵出临安，去绢州当知州。

淳熙十六年（1189）二月，孝宗终于如愿以偿地退位了，光宗当上了皇帝。光宗即位后，又重新起用了杨万里。

1190年，孝宗主持撰修的《日历》完成了，照例杨万里是秘书监，应该为《日历》作序。但是，当时许多大臣都知道他们君臣之间有嫌隙，宰相怕孝宗太上皇不高兴，就请他人去作序，不让杨万里参与，这明显属于违规操作。而杨万里不但不极力争辩，指出其中的违规问题，还"自劾失职，请求去职"，分明没把孝宗的大作当回事。孝宗碍于光宗的面子，虽没做深究，但内心却十分生气。

没想到，几天后，又来一件尴尬的事。翰林院为了颂扬孝宗的杰出政绩，集体编撰了《圣政》一书，进奉给孝宗看。这一次，主任官员吸取了几天前的教训，让杨万里当进奉官。杨万里昂首走进太上皇寝宫，而孝宗"犹念旧恶"，心中的气还未消，孝宗一见杨万里的面，显得很不"痛快"，派人跟光宗传达意见，把杨万里撵到外地做江东转运副使。从此，杨万里再未踏进临安一步，甚至连孝宗去世，他也没有回京。

■历史评价 |

宋孝宗是一个比较有作为的皇帝，是南宋名副其实的"中兴之主"。宋孝宗在位期间，政治清明、经济繁荣、社会稳定、文化昌盛，"卓然为南渡诸帝之称首"。而且，孝宗在位期间，平反岳飞冤狱，起用主战派人士，锐意收复中原。在内政上，孝宗积极整顿吏治，裁汰冗官，惩治贪污，加强集权，重视农业生产。宋孝宗专心理政，百姓富裕，五谷丰登，太平安乐，史称"乾淳之治"。

■大事坐标 |

1127 年	出生。
1162 年	宋高宗传位于赵昚，是为宋孝宗，宋朝的皇位再次回到宋太祖的长房。
1187 年	高宗病卒，为了服丧，让太子赵惇参与政事。
1189 年	禅位于太子，太子即位后，是为宋光宗赵惇。
1190 年	主将撰修《日历》完成。
1194 年	病逝。

■关系图谱 |

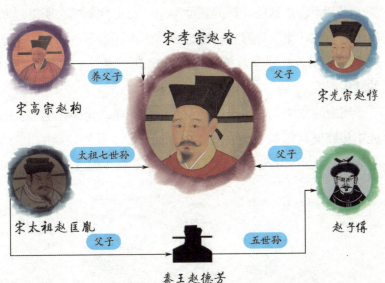

宋孝宗赵昚

养父子　宋高宗赵构

父子　宋光宗赵惇

太祖七世孙

宋太祖赵匡胤

父子

秦王赵德芳

五世孙

赵子偁

父子

第二编

将相篇

"以铜为镜，可以正衣冠；以古为镜，可以知兴替；以人为镜，可以明得失。"这是唐太宗在魏徵死后说过的一句话，也是一句被后世广为传诵的名言。这句话简明扼要，但却意义深刻。

宋朝的"人镜"可谓数不胜数。赤胆忠心的杨家将，"好男儿自当马革裹尸还"，"愿得此身长报国，何须生入玉门关"是对他们远大抱负和行动的真实写照。铁面无私的包拯，心中只有国家社稷和公平正义，断案如神；明如镜，清如水，直比青天，"包青天"的美誉很好地诠释了他的一生。忠心报国如岳家军，很好地践行了岳飞的那句至理名言——"文官不爱钱，武将不怕死，天下太平矣！"还有很多很多，如开国政策的谋划者赵普、抗战者的代表寇准、庆历新政的领导者范仲淹，以及坚持变法的王安石等。还有写下传世诗句"人生自古谁无死，留取丹心照汗青"的民族英雄文天祥，更有视死如归、怀抱幼帝投江的抗元名臣陆秀夫。

当然，一个延续了300多年历史的大宋王朝，之所以走向了灭亡，说明整个王朝不全是这些光辉的正面形象，历史的车轮之所以走向另一个轨道，其中的一些奸臣自然产生了重大影响。宋朝也不例外，尤其是在南宋时期，一个臭名昭著、遗臭万年的秦桧就足以产生"一颗老鼠屎，坏了满锅酱"的恶劣影响。

历史的作用就是要像浪涛淘尽沙子一样，让那些金子发出应有的光芒，让本该黯然褪色的沙粒恢复它本来的面貌。我们要做的也就是尽量还原历史原貌，让大家了解一个时代里哪些才是浪沙淘过后的璀璨明珠。

开国谋臣

赵普

■名片春秋┃

赵普（922～992），字则平，幽州蓟州（今天津蓟县）人，后又迁居常山（今河北正定）、洛阳（今河南洛阳）。北宋初年宰相。虽足智多谋却不好读书，在赵匡胤的劝告下开始读《论语》，有"半部《论语》治天下"之说。

■风云往事┃

◇陈桥兵变　佐命殊勋◇

959年，后周世宗去世，由遗孀辅佐幼主即位。当时赵匡胤执掌护卫皇帝禁军的兵权，担任殿前都检点的要职。960年春，赵匡胤称契丹勾结北汉大举南侵。宰相范质仓促之间不辨虚实便派赵匡胤率军北征，而兵行至距开封东北40里的陈桥驿时，将士停下休整，按历史说法是将士将赵匡胤灌醉，然后把龙袍加在赵匡胤身上。按律披龙袍即谋叛，赵匡胤在既成事实面前，假惺惺地从后周幼主恭帝手里接过所谓"禅位"书而正式当了皇帝，建立了宋朝。

柴宗训（953～973），五代时期后周皇帝。原封为梁王。后周世宗于959年病死，他于同月继位，即位时，年仅7岁，由符太后垂帘听政，范质、王溥等主持军国大事。在位期间，特别重用赵匡胤。

▲ 石守信（928~984），
北宋中书令、侍中

旧史记载这段历史也并不是十分严谨，那就是以赵匡胤的仁爱本性决不会从寡妇孤儿手中夺取政权，那么，是谁煽动部将为谋富贵而拥立新主？为什么留京守卫之殿前都指挥使石守信、都虞侯王审琦早已达成了拥立赵匡胤的一致观点呢？为什么兵变前赵匡胤之弟赵匡义与掌书记赵普早已经知情而不发，兵变之际又由他们枕戈待旦守护黄袍加身于赵匡胤呢？这些情况都不言而喻地说明，赵普在其中起了智囊军师的特殊作用，而且他也做了新皇帝心中想做而又不便明言的事。这些是弄刀舞枪、迷信武力的将领，包括赵匡义在内都计虑难周的。所以，按政变的实际作用来说，这位从滁州战役时就与赵匡胤联宗的赵普，在这次事件中起到了关键作用。

然而，在论功行赏时，除了一批原来地位重要的拥戴赵匡胤的将领如石守信、高怀德等晋升要职以外，赵普仅得了个右谏议大夫、充枢密直学士的一般官职。为什么呢？工于心计的赵匡胤怎么也得做足表面功夫，继续重用后周宰执范质、王溥以及魏仁甫为相，以维系旧官员之心，而不致削弱刚刚接管的权力。这一点，赵普是有所认识的。因此，他照旧要为新皇朝的稳固出力。

◇加强专制 杯酒释兵权◇

在中国封建时代，开国君主杀功臣、夺兵权之事并不罕见。西汉初定，有未央宫戮韩信之变，而后又有消灭异姓王之举，这些都是出

▲ 杯酒释兵权

于巩固君权的需要。赵匡胤深知自己是部将拥立，他不能采取武力解决的办法，只能另寻他法，静待时机。这时候赵普的观点坚定了太祖的决心。赵普一再强调石守信等执掌禁军有所忧患，并说细察石等皆非能统驭部下之将才，一旦部下也来个黄袍加身，情况就不妙了。宋太祖非常赞同他的说法，并询问以和平解决和长治久安之策，于是，赵普提出了"稍夺其权、制其钱粮、收其精兵"的方针。赵匡胤这么有心计，听其言就在心中化成一整套加强君权、牵掣和削弱各方权力的政策与策略。首要的任务当然是要解决拥兵自重的将领问题。

一天下晚朝后，赵匡胤留下石守信等将领一起喝酒，叙叙兄弟情谊。有点醉意了，他向将领吐露当皇帝的苦处，夜不能安，要防范变乱，不及作臣下的高枕无忧。当石守信等表示誓死效忠时赵匡胤又说，假如你们的部下谋富贵而起寥怎么办呢？又说人生在世所重者不过多积金钱、田宅，为子孙立不可动之产业；多置歌妓美女饮酒作乐以终天年。我皇帝与你们结为亲家，大家相互都没有猜忌不是很好嘛！

大家都是明白人，一听这话，心中已了然。于是，石守信等大臣第二天纷纷辞去军职，交出兵权，到地方做节度使去了。这就是"杯酒释兵权"的历史故事。赵普献策之功自然是不能抹杀的。所以，962年，皇帝升赵普为枢密使、检校太保。赵普深知这才是一个开始，自己立功的机会还在后面，前途一片光明。

▲ 赵普画像

◇公忠其表　谋私宠衰◇

967年春，赵普又晋升为右仆射和昭文馆大学士。973年，宋太祖去赵普家，突然发现廊下堆有海货十瓶。打开一看，全是小颗粒的瓜子黄金。赵普一看遮掩不下去，只好交代，这是吴越王钱俶送

右仆射

古代官职。秦开始设置，汉以后继承之。汉献帝建安四年（199）始置左右仆射。唐宋左右仆射为宰相之职。宋以后废。太平天国曾设仆射一职。

55

▲ 赵廷美画像

赵廷美（947~984），字文化，本名光美，宋太祖赵匡胤四弟。太平兴国初改名廷美，因为太宗即位的"金匮之盟"而数度被贬，贬至房州时，因忧悸成疾而卒。徽宗时，改封魏王。

来的。赵匡胤口中虽说受之无妨，但实际上这触及了他独揽大权和皇权尊严的要害。赵匡胤是决不允许臣下愚弄他，或者暗中夺他的权的。

随后赵匡胤又发现赵普违反禁令，私运木材，扩展府第，又有官员冒充赵普之名义经商等问题。随着进一步调查，又发现赵普子赵承宗竟然违反宰辅大臣间不得通婚的禁令，娶枢密使李崇矩之女为妻，这有架空皇权的危险。时翰林学士卢多逊及雷有邻揭发赵普受贿，包庇抗拒皇命外任官员，一切都让太祖对赵普有了防备。宋太祖于是设副相与赵普分掌权力，并监督相权，不久贬赵普为河阳三城节度使。这些公忠其表、谋私其内的问题，使赵普逐渐失去宋太祖的宠信。

◇ **廷美疑案　两度入相** ◇

976年十月，宋太祖崩，其弟赵匡义即位，是为宋太宗。979年，宋太宗曾亲自率兵攻打北汉，结果高梁河之役宋师败于契丹援军，宋太宗一度失踪。于是军中有谋立太祖之子赵德昭之说，为太宗所忌讳。赵德昭又为北征将士请赏，遭太宗怒斥而最终委屈自杀。宋太祖父子之死，不能不引起宋太宗异母弟赵廷美的悲愤自危。982年，朝中有人诬告赵廷美意图谋反，心存不轨，赵廷美被贬往洛阳。这种情况对于郁郁不得志的赵普是有所触动的。他向宋太宗密奏，昭宪皇太后遗书由自己书写，命太祖传位于太宗，尚有使太宗传位于廷美、廷美传位于太祖子德昭的意思。但赵普又劝太宗道，难道太祖传弟不传子的历史教训你还不能吸取吗？他又乘机说贬往洛阳的赵廷美丝毫不知悔改，不能使之居于洛阳。于是宋太宗又贬赵廷美至房州（今湖北房县）涪陵小县。

赵普的这番密奏有三重意思。第一，为太宗继承兄位的合理性做了说明；第二，拥护太宗传子不传弟；第三，为太宗清除赵廷美继位之威胁。这几点就使赵普与宋太宗结成了特殊的关系，而使赵普立即获得司徒兼侍中的职位，两度任相。赵廷美 38 岁盛年去世，宋太宗长子赵元佐因为替赵廷美申不平而发狂成终身之疾。从这里，可以看到赵普是一个怎样的人，他曾失宠于宋太祖，而又得宠于宋太宗，两度任相、东山再起。

"半部论语治天下"典出宋代罗大经《鹤林玉露》卷七，宋初宰相赵普，人言所读仅只《论语》而已。太宗赵匡义因此问他。他说："臣平生所知，诚不出此，昔以其半辅太祖（赵匡胤）定天下，今欲以其半辅陛下致太平。"用来强调学习儒家经典的重要。

◇其人其事　流传至今◇

当初，太祖还身份卑微时，赵普就与他有交情，得了天下之后，赵普屡次谈起卑贱时二人交往中的一些不足之处。太祖性格豁达，对赵普说："假如在尘土中就可以辨识天子、宰相，那么人人都可以去访求了。"从此赵普不再谈论。赵普年轻时熟悉吏事，但不曾求学，等做了宰相，太祖经常劝他读书。赵普晚年手不释卷，每次回到家里，就关起门来开箱取书，日日阅读至深夜。等第二天处理政务，得心应手。他去世后，家里人打开箱子一看，原来是《论语》20 篇。

赵普性格沉稳、城府十足，虽然嫉妒心很强，但能够以天下为己任。宋朝初年，当宰相的人大多心胸狭窄，因循保守。赵普刚毅果断，无人能与他相比。有一名大臣应当升官，但太祖不太喜欢他，认为他人品有问题，不答应升他的官。赵普坚决地为他请求，太祖发怒道："我就是不给他升官，你能怎么样？"赵普说："刑罚是用来惩治罪恶的，赏赐是用来酬谢有功之人的，这是古往今来的共同的道理。况且刑赏是天下的刑赏，不是陛下个人的刑赏，怎能凭自己的喜怒而独断专行呢？"太祖听后更加愤怒，起身就走，赵普也紧跟在他身后，最终太祖就听取了赵普的建议，为那人升了官。

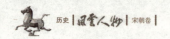
■历史评价 |

　　赵普一生活跃在政治舞台上长达50年。作为封建时代地主阶级的政治家，他是一个有一定远见的历史人物。他所佐治制定的巩固中央君主集权和地方分权的方针、政策对于结束长期政治动乱、实现中原统一是有贡献的。有功必有过，对于这一制度的负面影响，他同样是负有历史的责任。作为一代名相，他胸中缺少学问，而以所谓"半部《论语》治天下"，这当然妨碍他做出更积极的贡献。赵普虽以个人对君主的忠诚三次任相，但在整个居相期间，看不到他造福人民的政绩，这是最大的缺憾。

■大事坐标 |

922年	出生。
960年	与赵匡胤发动"陈桥兵变"，以黄袍加于赵匡胤之身，推翻后周。
961年	献计宋太祖"杯酒释兵权"，削夺朝中诸将兵权。
964年	被任命为门下侍郎、平章事，实际上是宰相职位。
967年	得到右仆射和昭文馆大学士的职位与荣誉。
976年	第二次任宰相。
983年	因故罢相，贬为武胜军节度使。
986年	第三次任宰相。
992年	三次上表告老，诏慰留，并加太师衔、封魏国公，享受宰相待遇。 去世。

■关系图谱 |

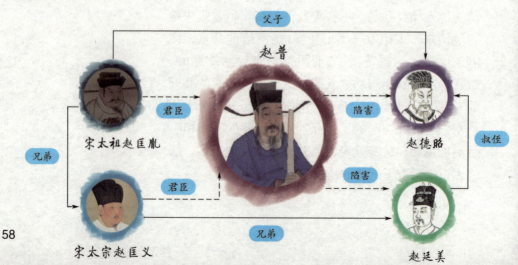

主战直臣

寇准

■名片春秋 I

寇准（961~1023），字平仲，华州下邽（今陕西渭南）人，北宋政治家、诗人。980年中进士。宋真宗时，曾任同中书门下平章事。1004年，辽军大举侵宋，寇准力主抵抗，并促使真宗渡河亲征，后宋与辽立"澶渊之盟"。不久，被大臣王钦若排挤罢相。晚年再度被起用，封莱国公。后又因大臣丁谓等陷害遭贬。寇准与宋初山林诗人潘阆、魏野、"九僧"等为友，诗风近似，也被列入晚唐派。

■风云往事 I

◇出身世家　少年折桂◇

寇准出身于书香门第。他的父亲寇湘一身才学，在五代后晋时中过进士，曾在一个贵族府第担任秘书一类的小官。寇准出生后不久，父亲就去世了，因此家境中落，可是深受书香世家影响的寇母十分重视寇准的学习。少年时的寇准，聪明好学，酷爱读书，学了不少知识。尤其对《春秋》三传，读得烂熟，理解得很透彻。这为他以后入仕从政打下了初步的知识

▲ 西安寇准石刻像

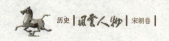
基础。

980 年，寇准考中进士，被任命为大理评事，一年后又被派往归州（今湖北秭归）巴东任知县。22 岁升任成安知县，留有寇公门。以后他又先后升任盐铁判官、尚书虞部郎中、枢密院直学士等官。寇准官运亨通是因为廉明不畏权，并不是因为阿谀逢迎、依附权贵，非常受人敬仰。寇准青云直上靠的是自己的忠诚与智谋，用宋太宗的话来说就是"临事明敏"。

◇正直敢言　福兮祸兮◇

寇准为人正直，在处事上也一直如此。在庙堂之上，当着皇帝的面，和同僚争吵得面红耳赤，犹如水火，连皇帝都无法制止。争对了，皇帝高兴，嘉奖升迁；争错了，皇帝恼火，撤职远谪。一次，为天下大旱，太宗召众相讨论。大家都在以天数为借口应付皇帝，唯独寇准讲这是天人感应，向太宗奏道："陛下，臣以为旱灾之所以发生是因为朝廷的赏罚存在不公平的地方。"寇准把天灾与官宦的执法犯法和营私舞弊连到一起。太宗细问证据，寇准说，祖吉、王淮两人都因受贿犯法，祖吉得到的赃款少，却被杀了；而王淮因为是副宰相王沔的弟弟，获赃上千万，却官复原职，只受了杖刑，这难道不是不公吗？太宗责问王沔，王沔不敢再瞒，低头认罪。寇准因此得到了太宗的褒奖，并被升为左谏议大夫、枢密院副使。这一次，王沔受贬，寇准升迁。但并不是次次如此，证据对自己不利的时候，灾祸也就随之而来。

一天，寇准和温仲舒骑马并行。有个疯子拦住寇准的马，向寇准高呼"万岁"。

进士

古代科举制度中，通过最后一级殿试的考试者。殿试录取分为三甲：一甲三名，赐"进士及第"的称号，第一称状元，第二称榜眼，第三称探花；二甲若干，赐"进士出身"称号；三甲若干，赐"同进士出身"称号。

枢密院，官署名称。唐永泰中始置于内廷，以宦官为枢密使，执掌机要事务。五代后梁建立崇政院，后唐改称枢密院。宋代沿置，主要管理军事机密及边防等事，与中书省并称"二府"同为最高国务机关。元代枢密院主要掌军事机密、边防及宫廷禁卫等事务；战争时设行枢密院，掌一方军政。明清废。

寇准的政敌枢密院知院张逊得知后，就向皇上打小报告，说寇准有异心。寇准以温仲舒为证人，为自己辩护。他和张逊在太宗面前激烈争吵，相互揭短，使得太宗龙颜大怒，撤了张逊的职，也把寇准贬到青州（今山东青州）当知州。

太宗了解寇准的为人，也很赏识他，把他外放的目的只是想让他收敛一点。寇准走后，皇帝经常念及他，也为寇准不在身边而闷闷不乐。一年后，当太宗下决心重召寇准回京，并升为副宰相时，寇准还是那个血气方刚的"诤臣"吗？会不会第二次被打倒呢？寇准回京后，太宗正害着严重的脚病，行走自然不便。见到寇准后，太宗让寇准看自己的足疾，然后不无责备地问："你怎么这么晚才来呢？"有意显示和寇准的亲昵情感，寇准却表现出一贯耿直的性格，没说一句奉承讨好的话，也没表示痛改前非，而是不冷不热地说，"臣非召不得至京师"，差点儿没把皇帝噎死！

◇力主抗战　澶渊退敌◇

契丹是中国北部的一个少数民族，它建都燕京，国号辽，一直对宋朝有很大的威胁。宋真宗即位后，契丹屡次犯边，肆无忌惮，就在这时，寇准被任命为宰相。

寇准任相不到一个月，契丹大举入犯，朝中议

辽（907~1125）

五代十国和北宋时期以契丹族为主体建立，统治中国北部的封建王朝。原名契丹，后改称"辽"。907年，辽太祖耶律阿保机统一契丹各部称汗，定都上京，后为金朝所灭。

▲ 澶渊之盟

▲ 丁谓画像

丁谓（966～1037），字谓之，江苏长洲县（今苏州）人。宋朝宰相，前后共在相位7年，"溜须"一词由其替寇准擦胡须衍伸出来。

论纷纷，政见不一。有的大臣主张往江南跑，有的主张往四川跑，宋真宗吓得不知如何是好。寇准看到这种情形，忧心忡忡，挺身而出，主张抗战，反对逃跑。他向宋真宗建议说："逃跑只能使人心崩溃，战斗力瓦解，敌人乘虚而入，天下不能复保。只有坚决抗战，才会挫败敌人锐气，取得胜利。"宋真宗听了，觉得有道理，便采纳了他的意见，决心抗战。

抗战后期，真宗到达澶州（今河南濮阳）境内，快到战场了，投降派大臣又提出须往江南退却的主张，真宗动摇起来。寇准对真宗说："黄河以北将士日夜盼望皇上銮舆到来，现士气正百倍地高涨，如果回头数步，就立刻会万众瓦解。敌人在后追击，怎么能去江南呢？"真宗驾车到达澶州南城，河北面的契丹兵已经在望，远远看去军势甚胜，有些人害怕了，请求真宗停驻。寇准坚决请求继续前进，他说："陛下如不过河，敌人气焰就煞不住，军心涣散，就不能取威决胜。我们已经派兵遏住敌人的咽喉和左右，四方援兵越来越多，您一定要坚定信念，怎么能犹豫不进呢？"真宗这才又下令前进。

宋主亲征士气高昂，契丹则由于大将萧挞览在一次激烈的战斗中被射杀，锐气大挫，于是提出要和宋结盟修好，条件还是要割占关南地。宋真宗不同意，他说："割地万万不能，契丹如坚持割地，我就一定要决战。要点钱财倒可以，汉朝以玉帛赐给过匈奴，历史上有先例，我可以答应。"寇准不但不同意给契丹钱财，还主张要契丹交出以往割占的幽州、蓟州等地，他向真宗说："只有这样才可以保持百年无事，不然，几十年后战事又会重起。"真宗说："几十年后自会有抵御他的人，现在我不忍心使生灵遭受涂炭，答应他议和吧！"本来寇准还想坚持自己的意见，为后代争取个百年和平的局面，不料这时有人议论说："寇准不愿和，只怕想要功高盖主。"在这种情况下，寇准不敢再坚持己见，只好不再争辩。

宋真宗派曹利用到契丹处议和，临行时交代他说："逼不得已，出 100 万也可以。"寇准知道了，把曹利用召到帐前说："虽然皇上这么说，但是如果你答应的超过 30 万，我就斩了你！"最后宋、辽订立了《盟好和约》，宋方每年给契丹银 10 万两，绢 20 万匹。这就是历史上有名的"澶渊之盟"。

▲ 湖北巴山森林公园内寇准雕像

◇寇丁之争 小人得志◇

"澶渊之盟"后，因小人谣言，真宗渐渐对寇准起了疑心，被贬到河南、陕西等地做了多年的地方官，朝中大权落入王钦若、丁谓等人手中。丁谓与王钦若一样，也是一个善于逢迎的无耻之徒。为了博得真宗的欢心与信任，王钦若、丁谓等人大搞封建迷信活动，迷惑视听，粉饰太平。

丁谓对寇准先后施展了两套阴谋。起初他一心想把寇准拉为同党。在一次宴会上，寇准的胡须沾了些菜汤，丁谓马上起身为寇准擦须。寇准非但不感谢，对他还很反感，当场训斥丁谓有失大臣之体。丁谓恼羞成怒，发誓要报复寇准。

真宗得风湿病后，刘皇后参与朝政，凡事皆问丁谓。丁谓误国，有识之士有目共睹。寇准、王旦、向敏中等元老重臣都上奏建议应选择正大光明的大臣来辅佐太子监国。寇准还特别指出："丁谓、钱惟演是奸佞之人，不能辅佐少主。"此话意在反对刘皇后干预政治，反对丁谓专权。病中的真宗也意识到丁谓专权的严重局势，批准了寇准等人的上奏。寇准让杨亿秘密起草太子监国的诏旨，并且准备与杨亿一起辅政。

刘皇后是四川人，她的娘家的人仗势犯法，真宗为了刘皇后的面子，下诏赦免。寇准坚决反对，认为必须按国法处置。因为此事，刘皇后与寇准结下怨仇。不料，寇准与杨亿密谋由太子监国一事被杨亿的妻弟张演酒后泄漏，刘皇后先下手为强，罢寇准为太子太傅，封为莱国公。正在这个节骨眼上，和丁谓有私怨的太监周怀政联络同党，企图发动政变，斩杀丁谓，复相寇准，尊真宗为太上皇，拥立皇太子即位。这件事被客省使杨崇勋出卖。丁谓连夜化装乘牛车到曹利用那里商量对策。丁谓、曹利用派兵包围了周怀政的住处。周怀政被俘后自杀。丁谓想乘机干脆把寇准置于死地，就诬告寇准参与密谋。寇准最终虽免于一死，却再次罢相，被逐出京城。寇准遭贬，据说是丁谓等人背着宋真宗干的。

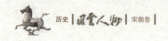

■历史评价 |

寇准刚直不阿，敢于向皇帝犯颜直谏，所以宋太宗就称赞道："朕得寇准，犹文皇（指唐太宗）之得魏徵也。"寇准去世后，经他夫人宋氏请求并得到朝廷恩准，将其灵柩运到洛阳安葬，途经公安等县时，当地老百姓沿路拜祭，据说哭丧的竹杖插在地上，没想到这些竹杖都成活了，形成了一片竹林，后人称为"相公竹"。人们又在竹林旁建了"寇公祠"，纪念这位议论忠直、不顾身家的政治家。明代大文人戴嘉猷路过公安时，曾题写"万古忠魂依海角，当年枯竹到雷阳"的不朽诗句来歌颂寇准。

■大事坐标 |

961 年	出生。
980 年	考中进士，被任命为大理评事。
994 年	政治才能深得宋太宗赏识，被封为参知政事。
1004 年	辽军大举侵宋，力主抵抗，并促使宋真宗渡河亲征。
1005 年	升任中书侍郎兼工部尚书。
1006 年	因王钦若等人排挤，辞去相位。
1017 年	恢复宰相职务，后因参与宫廷权力斗争，被丁谓等人排挤被贬。
1023 年	病死于雷州。

■关系图谱 |

寇准

君臣　宋太宗赵匡义

父子　寇湘

君臣　宋真宗赵恒

政敌　丁谓

君臣

无敌将领

杨业

■名片春秋 |

杨业（？～986），本名重贵，又名杨继业，并州太原（今山西太原）人，北宋名将。原为北汉军官，北汉主刘崇赐其姓刘，名继业。杨业骁勇善战，屡建奇功，官至建雄军（今山西代县）节度使。北宋灭北汉后，刘继业随其主刘继元降宋，宋太宗命其恢复原名杨业。

■风云往事 |

◇千古流芳　杨家传奇◇

　　杨业原名叫杨重贵，其父杨信是麟州的土豪，趁五代混乱的时候，其父占据麟州，自称刺史。由于时局的动荡，先后归附过后汉、后周。大约是在归附后汉的时候，杨信为了结交当时任河东节度使的刘崇，派少年的杨重贵到太原。年少英武的杨重贵很受刘崇的看重，他认杨重贵为养孙，为其改名为刘继业。刘继业先担任保卫指挥使，以骁勇著称，因功后升迁到建雄军节度使。

　　北宋灭北汉后，刘继业随其主刘继元降宋，宋

▲ 杨令公归宋图

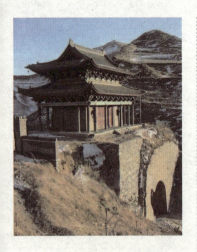

▲ 山西沂州雁门关

雁门关

又名西陉关，位于山西代县县城以北约20千米处的雁门山中，是长城上的重要关隘，与宁武关、偏关合称为"外三关"。

太宗命他恢复原名。杨家父子、祖孙（杨业一宗）在北宋时为抵抗外族侵略保卫国土血洒疆场，其事迹被人传颂，逐渐形成丰富的杨家将传说。

◇巧设计谋　取胜雁门关◇

980年三月，为雪满城之耻，辽命西京大同府节度使、驸马、侍中萧咄李率兵10万杀奔雁门关，又一次大举攻宋。那时候，双方兵力相差悬殊，杨业手下只有几千兵马。但是，杨业是个久经沙场的老手，他知道和辽军硬拼是行不通的。于是，他就把大部分兵马留在代州，自己带领几百骑绕过辽军，在敌后迂回，出其不意，由雁门关北口南袭击辽军。辽军毫无防备，又搞不清楚宋军的实力，个个心惊胆战，纷纷向北逃窜，阵容大乱。杨业带领骑兵赶上，杀了大批辽兵，还杀死一名辽朝贵族，活捉了一员辽将。

雁门关大捷后，杨业威名远扬，辽兵一见到"杨"字旗号，就吓得不敢与之交锋。

◇政敌陷害　誓死不降◇

986年，宋太宗派东中西三路大军攻辽。东路由大将曹彬带领主力部队，向幽州前进；中路由田重进率领，攻取河北西北部等地；西路由潘美率领，攻取山西北部各地。杨业就在西路军中，作潘美的副将。潘美带领的西路军，出了雁门关，就向北进攻。杨业和他的部下英勇善战，很快打下了寰州（今山西朔州东）、朔州（今山西朔州）、应州（今山西应州）和云州（今山西大同），收复了山西西北部的大片失地。正当西路军节节胜利的时候，不料东路军吃了一个大败仗。宋太宗因主力部队失败，连忙下令退兵，不敢再战。潘美、杨业很快退回代州。宋朝的大军一退，应州的宋军也丢掉城市逃跑了，辽军乘胜打进了寰州，一时形势十分紧张。就在这时候，宋朝政府下令把寰、朔、应、云四州的老百姓迁往内地，要潘美、杨业的部队担任护送。但这时寰州和应州已经丢了，云州远在辽军的背后，朔州也在辽军的身旁，要迁移那些地方的老百姓，可着实不容易。

▲ 杨业带兵出征图

杨业深思熟虑后，提出建议说："现在敌人很强大，应当暂时避开他们的锋芒，不能硬打。我们应制造一种假象，先假装打应州，引诱敌人大军前来迎战，然后利用这个机会，命应、朔两州的守将带领百姓赶快南迁。这时，我们只要派军队在中途接应，这两州的百姓就可以安全转移了。"这是一个好主意。可是，在潘美军中作监军的王侁却不同意。他说："我们有几万精兵，为什么要这般懦弱？只要走雁门关北面的大路，向朔州前进就是了。"杨业说："这样做，一定失败！"王侁不但不考虑杨业的正确意见，反而讽刺他说："将军一向号称'杨无敌'，如今看到敌军，竟逗留不进，难道有其他想法吗？"对于这样恶毒的诬蔑，杨业气愤极了。他横下心来，说："我并不怕死，只因时机不利，不想让士兵白白送死。你既然说出这种话来，我领兵前去就是了。"杨业和王侁争论时，潘美就在旁边。他明知杨业这次

▲ 潘美画像

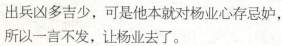

▲ 河南开封杨家湖

出兵凶多吉少，可是他本就对杨业心存忌妒，所以一言不发，让杨业去了。

杨业出发时，对潘美说："这次出兵，时不利我。我本想等待时机，为国杀敌立功，如今有人却说我胆小怕事，我愿意先死在敌人手里。"同时，他又说："你们在陈家谷准备好步兵弓箭，接应我们。否则，军队就回不来了。"说完，杨业就带领人马，还有他的儿子杨延玉和岳州刺史王贵直奔朔州前线。

辽军看到杨业前来，出动大军，把宋军团团围住。杨业父子和他们的部下虽然英勇善战，毕竟敌强我弱。他们从正午一直打到黄昏，只剩下100多人，好不容易突出重围，且战且走，退到陈家谷。哪知潘美的军队不顾杨业的安危，早已逃跑了。杨业只好带领部下，再跟辽军死战，"手刃数十百人"。王贵用箭射死了几十个敌人，箭完了，又用弓打死了几个敌人，最后壮烈牺牲。杨业的儿子杨延玉和其他将士也在战争中牺牲了。杨业被辽军擒获，绝食而亡。

■历史评价 I

自北汉时起，杨业与辽朝"角胜三十余年"，人称"杨无敌"，深为辽朝人民敬畏。辽朝人民在杨业死地建庙祭祀。杨业实际是因主帅潘美、监军王侁、刘文裕等妒忌，被置之必败之地，潘美等又违约不援所害。杨业之死，"天下闻其死，皆为之愤叹"。在杨业死后近100年，苏辙奉使辽朝，出古北口（今北京怀柔东北），作《过杨无敌庙》诗："驰驱本为中原用，尝享能令异域尊"，说明杨业是宋、辽两朝人民均敬仰的英雄。

▲ 河南开封天波杨府内杨业雕像

■大事坐标 |

979 年　由北汉归宋。

980 年　以少胜多，取得雁门关大捷。

986 年　宋军大举攻辽，任西路军副都部署，在此次出战中牺牲。

■关系图谱 |

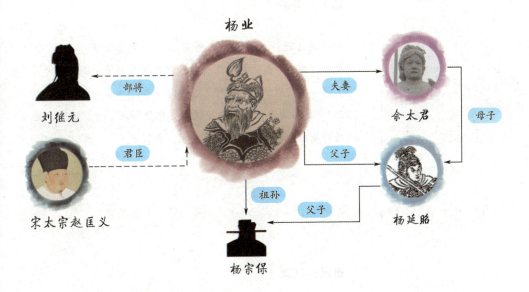

忧国忧民

范仲淹

■名片春秋 Ⅰ

范仲淹（989～1052），字希文，唐朝宰相范履冰的后人。祖籍邠州（今陕西彬县），先人迁居苏州吴县（今江苏苏州）。北宋著名的政治家、思想家、军事家和文学家，世称"范文正公"。他为政清廉，体恤民情，刚直不阿，力主改革，屡遭奸佞诬谤，数度被贬。有《范文正公全集》传世。

■风云往事 Ⅰ

◇生活简朴　少小离家◇

989年，范仲淹生于武宁军节度掌书记官舍，在百日时随家人迁往无锡望亭（今属苏州）。父亲范墉，988年赴徐州任武宁军节度掌书记（徐州军事长官的秘书），990年病逝。母亲谢氏贫困无依，带着两岁的范仲淹，改嫁山东淄州长山县河南村（今邹平县长山镇范公村）朱文翰。范仲淹在朱家长大成人，也改从其姓，取名朱说。

范仲淹从小热爱读书，朱家是长山的富户，但他却不贪图享受，常去附近长山上的醴泉寺寄宿读

> 先天下之忧而忧，
> 后天下之乐而乐。
> ——范仲淹

书。那时，他每天只煮一碗稠粥，凉了以后划成4块，早晚各取2块，拌几根腌菜，调拌于醋汁，吃完继续读书，生活极其艰苦，后世便有了"划粥割齑（jī）"的美誉，但他并没有觉得苦，而是把全部精力用于在书中找寻着自己的乐趣。

时光飞逝，三年很快过去了，长山乡的书籍已渐渐不能满足他的需要。一个偶然的事件，他发现自己原是望亭范家之子，这些年来，一直靠继父的关照度日。这件事使范仲淹深受刺激和震惊，羞愧难当，他决心脱离朱家，自树门户，待将来卓然立业，再接母归养。于是他匆匆收拾了几样简单的衣物，佩上琴剑，不顾朱家和母亲的阻拦，流着眼泪，毅然辞别，离开长山，到外地求学。

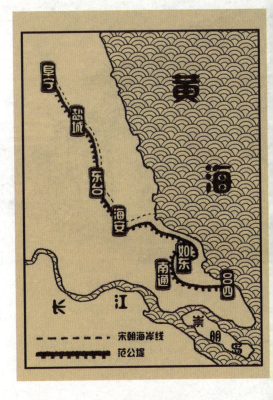

▲ 范公堤示意图

◇外出求学　涉足政治◇

1011年，范仲淹来到睢阳应天府书院。应天府书院是宋代著名的四大书院之一，藏书数千卷，共有校舍150间。1043年，宋仁宗下旨将应天府书院改为南京国子监，与东京开封国子监、西京洛阳国子监并列成为北宋时全国最高学府。更主要的是这里聚集了许多志操才智俱佳的人才。到这样的学院读书，既有名师可以请教，又有许多同学互相切磋，还有大量的书籍可供阅览。况且学院免费教学，更是经济拮据的范仲淹求之不得的。范仲淹十分珍惜这个学习机会，昼夜苦读。范仲淹的一个同学、南京留守（南京的最高长官）的儿子看他常年吃粥，便送些美食给他。他竟一口不尝，任这些美食变质。直到人家怪罪起来，他才长揖致谢说："我已安于划粥割齑的生活，担心一享受美餐，日后就咽不下粥和咸菜了。"范仲淹清贫的生活，有点儿像孔子

宋代四大书院

河南商丘应天府书院；
江西庐山白鹿洞书院；
湖南长沙岳麓书院；
河南嵩山书院。

▲ 江苏光化县衙内范仲淹纪念馆

的贤徒颜回：一碗饭、一瓢水，在陋巷，他人苦不堪言，颜回却不改其乐。

范仲淹不分四季，从春至夏，经秋历冬；凌晨舞一通剑，夜半回家和衣而眠。别人看花赏月，他只在六经中寻乐。数年之后，范仲淹对儒家经典——诸如《诗经》《尚书》《易经》《礼记》《春秋》等书主旨已了然于胸。他吟诗作文，慨然以天下为己任。

1014 年秋和 1015 年春，他通过科举考试，中榜成为进士。二月的汴京，春意盎然。进士们骑高头大马，在鼓乐声中游街。不久，他被任命为广德军的司理参军。接着，又调任为集庆军节度推官。他没忘当初的誓言，把母亲接来赡养，并正式恢复了范姓，改名仲淹，字希文，从此开始了近 40 年的政治生涯。

◇庆历新政　时短命竭◇

从元昊叛宋起，宋军的边防开支日渐加重。政府为了扩大收入，不得不增加百姓负担。于是，包括京城附近在内，各地反抗朝廷的暴动与骚乱纷然而起。庆历初年，急待稳定政局的仁宗皇帝似乎显得格外开朗和进步。1043 年，他将西线的三名统帅——夏竦、韩琦和范仲淹一同调回京师，分别任命他们为最高军事机关的正副长官——枢密使、枢密副使；又扩大言官编制，亲自任命四名谏官——欧阳修、余靖、王素和蔡襄，后来号称"四谏"。"四谏"一声奏言，撤掉了略无军功的夏竦，而令杜衍和富弼为军事长官。"四谏"又一声奏言，彻底罢免了吕夷简的军政大权。"四谏"第三声奏论，则驱逐了副宰相王举正，以范仲淹取而代之。

1043 年九月，仁宗连日催促范仲淹等人拿出措施，改变局面。范仲淹、富弼和韩琦连夜起草改革方案，特别是范仲淹，认真总结从政 28 年来酝酿已久的改革思想，呈上著名的新政纲领《答手诏条陈十事》，提出了十项改革主张，它的主要内容是：（一）明黜陟，即严明官吏升降制度。（二）抑侥幸，即限制侥幸做官和升官的途径。（三）精贡举，即严密贡举制度。（四）择长官。（五）均公田。（六）厚农桑，即重视农桑等生产事业。（七）修武备,即整治军备。（八）推恩信，即广泛落实朝廷的惠政和信义。（九）重命令,即要严肃对待和慎重发布朝廷号令。（十）减徭役。

改革的广度和深度越大，反对声也就越大。大批守旧派的官僚们开始窃窃私议。1044 年仲夏时节，负有监察职责的御史台官员们忽然声称破获了一起谋逆大案。该案直接涉及石介和富弼。其实，此事纯为夏竦一手制造。这样一来，流言四起。甚至牵连到范仲淹改革的诚意，乃至扩大相权的居心之类。宋仁宗虽然对这件事未必全信，但看到反对革新的势力这么强大，他也不坚定了。1045 年初，曾慷慨激昂想励精图治的宋仁宗终于完全退缩，他下诏废弃一切改革措施，范仲淹和富弼被撤去军政要职。实行仅一年有余的各项新政，也逐步废除。

▲ 河南伊川范仲淹墓地内范仲淹塑像

◇先天下之忧而忧　后天下之乐而乐◇

面对政治腐败，官僚机构庞大的现状，范仲淹最早提出改革的口号。当时他做副宰相，负责

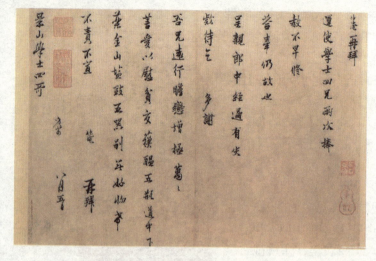

▲ 范仲淹书法作品

▲ 湖南岳阳岳阳楼

惩办贪官污吏，相传有一句话说，"只要范仲淹拿大笔一勾，一个家庭就要痛哭流涕"。但范仲淹说："我宁可大笔一挥，让一个家庭痛哭流涕，我不能让一路的百姓痛哭流涕。"正因为他雷厉风行地反贪污、反腐败，遭到了保守派的竭力攻击，因此只做了三年副相，便被贬职做了知州。

《岳阳楼记》就是范仲淹被贬职时写出来的。很多人都到岳阳楼去过，很多人都写过岳阳楼记，范仲淹怎么写的呢？他就抓住了由岳阳楼记一个悲、一个喜。"阴风怒号，浊浪排空"，令人感到很悲凉；而"春和景明，上下天光，一碧万顷"则令人感到欢喜，他抓住悲、喜两个字，说明不是景物让我们悲喜，是天下事让我们喜，让我们忧。最后他归结一点，就是"进也忧，退也忧"。什么时候才能快乐呢？他就得出一个结论："先天下之忧而忧，后天下之乐而乐。"这实际上就在封建时代给所有的封建士大夫提出一个忧乐标准，也就是我们现在所说的"为天下老百姓的忧愁而忧愁，为人民的幸福而欢乐。"

■历史评价▎

范仲淹不仅是北宋著名的政治家和统帅，也是一位卓越的文学家和教育家。他领导的庆历革新运动，成为后来王安石"熙丰变法"的前奏；他对某些军事制度和战略措施的改善，使西线边防稳固了相当长的一段时期；经他荐拔的一大批学者为宋代学术鼎盛奠定了基础；他倡导的先忧后乐思想和仁人志士节操是中华文明史上闪烁异彩的精神财富。朱熹称他为"有史以来天地间第一流人物"！吕中说："先儒论宋朝人物，以范仲淹为第一。"范仲淹的文学素养很高，写有著名的《岳阳楼记》，其中"先天下之忧而忧，后天下之乐而乐"成为千古名句。千载迄今，各地有关范仲淹的遗址、事迹始终受到人们的保护和纪念。

■大事坐标 |

989 年	出生。
1011 年	来到睢阳应天府书院学习。
1015 年	通过科举考试，中榜成为进士。
1043 年	与富弼、韩琦起草改革方案,提出十项改革主张,是为"庆历新政"。
1045 年	宋仁宗下诏废弃一切改革措施,"庆历新政"以失败告终。
1052 年	病逝于徐州。

■关系图谱 |

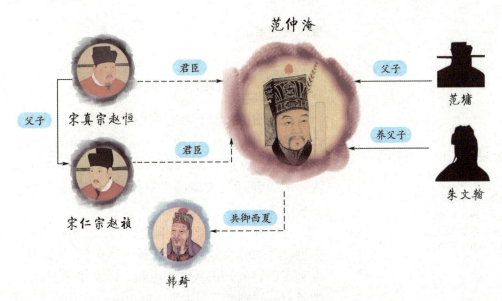

铁面无私

包拯

■名片春秋 |

包拯（999～1062），字希仁，庐州合肥（今安徽合肥）人，出身于官僚家庭。以清廉公正闻名于世，北宋名臣。曾任龙图阁直学士，人称"包龙图"；又曾任天章阁待制，人称"包待制"。因其廉洁公正、不攀附权贵，故有"包青天"及"包公"之名。1061年，任枢密副使。后卒于其位，谥号"孝肃"。

■风云往事 |

◇孝顺父母　闻名乡里◇

包拯的祖父包士通是平民百姓。父亲包令仪是太平兴国八年（983）进士，官至刑部侍郎，与文彦博的父亲文洎同供职阁中，遂结为世交，交情匪浅。所以包拯与文彦博"方业进士，相友甚厚"，后来还结为儿女亲家。

包拯有二个哥哥，长兄包莹、二兄包颖均早年去世。他家境殷实，加上只剩一个孩子，所以从小受到了良好的知识教育和熏陶。1027年考上进士。按照宋朝的制度，考中进士就可以当官，朝廷任命他为"大理评事"，级别很低。接着，又任命他为

题包公遗像

无名氏
龙图包公，生平若何？
肺肝冰雪，胸次山河。
报国尽忠，临政无阿。
杲杲清名，万古不磨。

建昌（今江西永修）知县。但包拯出了名的孝顺，他信守圣人"父母在，不远游"的教诲。鉴于父母年事已高，不愿意随他一起到江西赴任，包拯最终放弃官职，留在家里，侍候父母。后来，朝廷又委派他到家乡附近的和州（今安徽和县）做官，负责管理税收钱粮。这一回，包拯虽然去了，但是因为实在放心

▲ 河南开封宋都一条街

不下留在家中的父母，做了几个月的官就又回来了。

直到父母亡故后包拯才正式出任天长县（今安徽天长）知县。在知县任上，他断了一个奇案，声名远播。38岁又升任知州，在职期间，清明廉洁，受到上司重视和世人称赞，之后，便开始了朝廷重臣的政治生涯。

◇以民为贵　开仓放粮◇

包拯担任三司户部副使时，常常不辞辛劳，深入下层体察民情，救民于水火之中。江南地区有一次发生了旱灾，百姓们难以生活。包公了解到情况后，立即下令开仓放粮救济，以解百姓们的燃眉之急。如果按照当时的惯例，开仓放粮是件大事，必须事先请示皇帝，等批准以后才能打开粮仓救济百姓。但当时情况紧急，如果将文书送到京城，再等待批示下来，程序复杂，时间漫长，到时百姓早就撑不住了。所以，包公一边派人急奏朝廷，一边就果断地开始放粮了，终于使很多百姓得救。

还有一次，江淮大地发生了一场自然灾害，百姓已缺粮断炊。而地方的官吏们为了虚报政绩、讨好上级，以利升迁，便隐瞒了灾情，置人民生命于不顾。不仅如此，还反过来逼迫百姓们交粮卖米。包拯了解到灾情后，便上奏仁宗一封奏疏《清免陈州添折见钱疏》，向朝廷

▲ 包拯画像

77

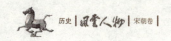

▲ 河南开封府

反映粮食歉收、农民缴不上皇粮的情况，要求对这些欺压百姓，只顾个人私利的官员，予以严惩。仁宗采纳了他的建议。从此，包拯被江淮人民称为"再生父母"。现在仍然在上海地区上演的戏剧《陈州放粮》就是根据此事编写而成的，并非凭空设想。

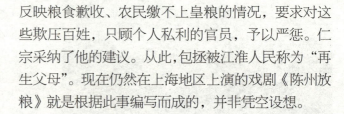

◇刚正不阿　大公无私◇

包拯为人刚直，绝不会阳奉阴违，更不会搞阴谋。他从不趋炎附势、见机行事，更不说大话、假话。即使是在皇帝面前，他也是直言不讳，不怕冒犯皇帝。为了立太子的事，包拯曾冒死直谏，公开对皇帝说："我已经老了，而且没有儿子，如果认为我说得不对也不要紧，反正我不是为了自己想升官发财。"多亏宋仁宗心胸比较宽广，没有处理包拯，反而说可以慢慢商量。包拯又说，宫内的亲信宦官权力太大，待遇太好，应该精减人员和开支。这当然要得罪皇帝的亲信左右，招来不测之祸。还好，仁宗说："忠鲠之言，固苦口而逆耳，整有所益也，设或无益，亦无所害又何必拒而责之。"包拯总算碰上了一位比较开明的宋仁宗。这种刚正不阿的大无畏气概，使当时的老百姓和一些有正义感的臣僚对包拯都很钦佩。欧阳修就钦佩包拯"天姿峭直"。忠直的包拯，有时甚至不顾有关规定和礼节，当面斥问宰相或其他大臣，弄得大臣们下不来台。也有人不赞成包拯这种做法，如欧阳修就认为包拯刚直有余，"思虑不熟"。

不仅如此，包拯还是节俭有度的"形象代言人"。他一生俭朴，即使是当了官，有了地位，衣食住行及生活习惯也和普通老百姓差不多。包拯曾经写过一则家训刻在家中壁上。家训的全文是："后世子孙仕宦，有犯赃滥者，不得放归本家，亡殁之后不得葬于大茔之中，不从吾志非吾子孙。"也就是说，包拯严厉要求后代不贪，不要欺负百姓，如果有人不按此做，那么就会被逐出家门，死了之后也不得葬在包家祖坟。这一著名的包家家训，体现了包拯不谋一家一族之利的高尚情操。这种情操并不是包拯刻意为之，以示自己清高，而是他一生的行动准则。

◇妙对破案　流传千古◇

相传包拯带着包兴，微服私访。这天，来到一个地方，此时天已微暗，决定找个人家投宿。他们顺街走着，见前方有一位老人伏在门前石阶上流泪。包拯忙上前问："请问老翁，为什么这么伤心？"老人抬头看了包拯一眼，并不说话，只是流泪。包拯不便多问，便提出想在这里借宿。老人一听，连连摇手："不行，不行！实不相瞒，这里前几天才死了人。"包拯一听死了人，便问死者何人？何故而死？这一问不要紧，倒引出一段奇案来。

原来，这位老人姓徐，一家三口，儿子刚成年，年方十八。不久前，老夫妇为儿子娶了亲。新娘聪明贤惠，全家人都很满意。新婚之夜，新娘听说丈夫正在攻读迎考，便出了一个上联考他。这是个连环对："点灯登阁各攻书"。新娘子开玩笑地说："对不上下联，不准进洞房。"偏偏新郎书生气太重，答不出就赌气跑出去一夜未归。

第二天，新娘发现丈夫愁眉不展，便问是何原因？新郎说："我正为答不出你的对联发愁呢！"新娘说："你昨天夜里不是对上了吗？"新郎感到很奇怪："我昨夜睡在学堂里，并没有回家，何来此说？"新娘听了这话大吃一惊，这才知道昨夜是被人钻了空子失去贞操，悔恨交加，一气之下，便上吊死了。

新娘一死，衙门马上来人，将新郎捉拿归案。文弱书生抵不住糊涂官的严刑拷打，被逼供认，判

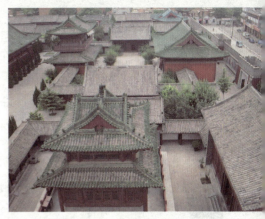

▲ 河南开封府今景

书端州郡斋壁

包拯

清心为治本，直道是身谋。
秀干终成栋，精钢不作钩。
仓充鼠雀喜，草尽兔狐愁。
史册有遗训，毋贻来者羞。

▲ 包拯脸谱

▲ 河南开封包公祠内孝肃包
公家训碑

了死刑,秋后问斩。老夫人徐氏闻讯,悲伤不已,自杀身亡。活生生的一个家庭,被弄得家破人亡,好不凄惨。

包拯听完事情的原委,心里也很难过。是谁促成新娘冤死的呢?要破此案,必得先对出这个对子来。这天晚上,包拯就借宿在老人家里。夜深了,他还睡不着,自己一个人在后院里踱了一会,索性叫包兴搬来一张太师椅,倚在梧桐树旁对月而想这个下联。想着想着,包拯禁不住笑出声来。原来,这个下联正是"移椅倚桐同赏月"。想出对联,破案的办法也就有了。

天亮后,包拯来到县衙,叫人贴了张榜,上写欲在本地挑选一些有才学的人,带进京城做官。条件是:能对出"点灯登阁各攻书"的下联来。

张贴了没几日,一个书生揭了榜。他得意扬扬地来见包拯,说:"本书生看过榜后,欲随大人进京,还望大人多多栽培。"包拯说:"你对出那副对联了吗?"书生假装思索了一下,说:"这是个下联,应是'移椅倚桐同赏月',不知大人肯不肯带学生进京?"包拯嘿嘿一阵冷笑。"行,我带你进京!"说罢,惊堂木一拍:"还不快给我拿下!"众人拥上,将书生一举拿下。

书生本等着嘉奖,不想被当场拿住,吓得连喊冤枉。包拯厉声说:"歹徒,你居心不良,乘夜间淫人妻子,害死两条人命,岂能饶你!左右,掌刑!"书生一听,知事已败漏,连忙跪下,高呼:"小人愿招!"

原来,那日新郎生气来到学堂,几个同学开他玩笑,说他放着如花似玉的新娘不伴,却到学堂来守夜,新郎便将考对联的事说了。谁知,言者无意,听者有心,那书生乘机潜往新郎家去答对联,新娘糊里糊涂,竟与他同入洞房,酿成悲剧。

包拯当堂叫书生画供,打入死牢,并叫来姓徐

80

的老人，让他将押在狱中的儿子领回家去。一场冤案，巧妙化解。

■历史评价 |

　　包拯执法不避亲党，铁面无私，他以断案公正严明而著称于世，他还有一颗悲天悯人的仁者之心，法理之外兼顾人情，且不畏强权，深知民间疾苦，明如镜、清如水，直比青天，故有"包青天"的美誉。

　　功过自有评论。一旦自己的行为被实践证明对社会、对人民有功有利，人民终究会给他以公正的评价。这评价不会因一些暂时的贬斥而消失。名垂青史的包青天为人民所歌颂与怀念，正是由于包拯一生的实践，有利于社会与人民。这实践，不仅是由于他为当时的人民做了好事，也由于他个人的道德品质确实有不少同时代人甚至后来人难以企及之处。

■大事坐标 |

999 年	出生。
1027 年	考中进士，赐官大理评事，建昌知县，没有前去上任。
1036 年	被任命为天长（今安徽天长）知县。
1057 年	出任北宋都城开封的知府。
1061 年	连续担任礼部郎中、三司使、枢密副使等职。
1062 年	去世。

■关系图谱 |

千古奇冤

岳飞

■名片春秋 |

岳飞（1103～1142），字鹏举，相州汤阴县（今河南安阳汤
阴）人。著名战略家、军事家、民族英雄、抗金名将。被誉
为宋、辽、金、西夏时期最为杰出的军事统帅，"连结河朔
之谋"的缔造者。同时又是两宋以来最年轻的建节封侯者。"南
宋中兴四将"之首。最终被秦桧以"莫须有"的罪名毒死于
临安风波亭，有《岳武穆集》传世。

■风云往事 |

◇展翅高飞　精忠报国◇

相传岳飞出生时有鸟在房顶上飞叫，他的父母
希望他将来展翅高飞、鹏程万里，故为其取名岳飞，
字鹏举。岳飞小的时候家里很穷，他日耕夜读，苦
练本领。年少时就武艺高强，可以左右开弓并且百
发百中。

当时北方的女真族不断闯到中原来抢东西、杀
人、放火，中原百姓民不聊生。而当时的皇帝只知
道吃喝玩乐，大把大把地花钱，根本不顾老百姓的

▲ 山东青岛海趣园内岳母刺字雕塑

死活。

岳飞在家里听逃难的老百姓说了这些事后下定决心长大要干一番事业，于是他准备离家参军保卫国家。临走的前一天晚上，岳飞的母亲很不舍，眼泪在眼眶里不停地打转，但为了百姓的安危，岳飞的母亲给岳飞讲了很多要为祖国增光的话。为了让岳习永远记住，要忠于自己的祖国和保卫国家。最后她又取来针，让岳飞跪在地上托着小墨盒，在他的脊背上刺了"精忠报国"四个大字。她这样做是为了让岳飞永远记住，要忠于自己的祖国和保卫国家。

◇宗泽识才　雪靖康耻◇

金兵南下的时候，岳飞只不过是一名小官。有一次，他带了100多名骑兵，在黄河边练兵，忽然对面来了大股金兵，兵士们都吓呆了，岳飞却非常淡定地说："敌人虽然多，但他们不知道我们的兵力多少。我们可以趁他们没防备的时候击败他们。"说着，就带头冲向敌阵，斩了金军一名将领。受到岳飞的鼓励，兵士们也冲上去，把金兵打得落花流水，四处逃窜。

▲ 岳飞画像

这一来，岳飞的勇敢出了名。过了几年，他在宗泽部下当将领。宗泽很器重他，对他说："像你这样智勇双全，即使一代名将也不过如此。但是光靠冲锋陷阵，究竟不是常胜的办法。"他交给岳飞一份古代的阵图，说："这个给你，回去好好钻研。"

岳飞接过阵图，向宗泽道了谢。宗泽接着说："按照阵图作战，这是兵法的常规。至于灵活运用，随机应变，还得靠将领善于专心。"

岳飞把抗金作为自己的职责。宋高宗即位以后，他就马上写了一份奏章，希望高宗能亲自率领宋军北伐，激励士气，恢复中原。在这个奏章中他还批评了黄潜善、汪伯彦一伙投降派的主张。奏章虽然呈上去了，但高宗却并不接纳他的建议，反而嫌岳飞小小将官多管闲事，革了他的军职。

宗泽死后，岳飞归东京留守杜充指挥。金兵大举进攻，杜充逃到建康；金将兀术攻打建康，杜充又可耻地向金军投降。杜充的手下四散逃走，只有岳飞的队伍仍然坚持在建康四周战斗。这回趁兀术北撤的时候，他跟韩世忠配合，把兀术打得大败。

金兵北撤以后，宋高宗回到临安。金朝在中原地区立了一个傀儡皇帝刘豫，国号大齐，经常骚扰南宋地界，充当金朝的帮凶。岳飞率领将士多次打退了金、齐联军，建立战功。到他32岁的时候，已经从一个普通将领提升到节度使的地位，与当时的名将韩世忠、刘光世、张俊并驾齐驱。

那首传诵千古的《满江红》就在这个时期写的，抒发了他抗金的壮志豪情。

◇坚持抗金　被奸臣害◇

当时，金兵所到之处，宋朝百姓老弱惨遭杀害，妇女被驱赶蹂躏，男子多被掳去，剃掉部分头发，结扎辫子，充当马倌等苦力。田野里尸骸纵横交错，无人收拾，良田已经荒芜，无人耕种。金军的烧杀抢掠，对幸存者造成了极度的生活困难，中原百姓冻饿交迫，苦不堪言。

1140年，金兵又一次大举进攻南宋。岳飞等将领分路出击，中原一线由岳飞带兵前往，他一面派人到河北一带联络当地的民间抗金组织，一面亲率大军进击，收复了河南许多州县，驻军郾城，两军展开激战。郾城大战中，金投入精锐骑兵1.5万人。金兀术以头戴铁盔身穿铁甲的"铁塔兵"打前锋，以号称"拐子马"

▲ 女真人画像

▲ 岳飞抗金

的骑兵居左右，列队进攻。岳飞指挥儿子岳云等率军应战。将士手持刀斧，冲入敌阵，上砍骑兵，下砍马腿。双方互不相让，战争持续了半天，宋军大获全胜，金军节节败退。

岳家军乘胜前进，抵达开封附近的朱仙镇，北方人民抗金情绪高涨。岳飞请求宋高宗下令北伐。宋高宗和朝中的奸臣秦桧害怕抗金力量壮大，会有谋反的心思，于是向金求和，并命令岳飞撤回军队。岳飞愤慨地说："十年的功劳，一天就断送了！"1141年，宋高宗解除岳飞等抗金将领的兵权。后来，秦桧又派他的爪牙诬陷岳飞谋反，把岳飞和他的儿子岳云逮捕入狱。另一位抗金将领韩世忠去质问秦桧，根据什么说岳飞谋反，秦桧拿不出证据，竟厚颜无耻地说："莫须有。"韩世忠愤怒地对他说："'莫须有'三字何以服天下！"1142年初，岳飞被以"莫须有"的罪名杀害。

◇沉冤得雪　终获平反◇

虽然岳飞被奸人所害，但他精忠报国的精神是不可磨灭的。他表达了被压迫民族的要求，坚持了崇高的民族气节，在处境危难的条件下，坚持了抗金的正义斗争，并知道爱护人民的抗金力量，联合抗金军民一道，保住了南宋半壁河山。岳飞是我国历史上伟大的民族英雄，其"还我河山"和"精忠报国"的爱国精神一直激励着后人。岳飞被害前，在狱中曾写下绝笔字：

▲ 河南安阳岳飞庙

"天日昭昭，天日昭昭。"岳飞被害后，狱卒隗顺冒了生命危险，将岳飞遗体偷偷运出，埋在了钱塘门外九曲丛祠旁。隗顺死前，又将此事告诉他的儿子，并说：岳帅精忠报国，天下人终将会还他一个清白！岳飞沉冤21年后，终于沉冤得雪，当然，说到岳飞平反，有一个人不得不提，那就是史浩。

史浩是宁波史家"一门三相"中最早的一个宰相。史浩家境微寒、毫无背景，他在1145年登进士后，凭着自己的努力，仕途平稳，一直做到太子的老师。后来太子即位，即宋孝宗，史浩被提拔为宰相。史浩上任后的第一件事就是为岳飞平反。他向孝宗进言说，赵鼎、李光是无罪的，岳飞的冤案应该昭雪，因这个冤案牵连的官员都应该平反。当时恰逢孝宗打算北征，为了鼓舞士气，就同意了史浩的建议。1162年，宋孝宗为岳飞平反冤情，将岳飞改葬于杭州栖霞岭，也就是现在的"宋岳鄂王墓"。乾隆帝多次造访杭州岳飞祠墓，并且亲自撰写《岳武穆论》，还题对联一副："两言臣则师千古，百战兵威震一时。"由此可见，岳飞在人们心目中的地位。

■历史评价 |

岳飞一生驰骋于疆场，英勇抗击金军的残酷暴行，坚决反对民族压迫。岳飞和他指挥的岳家军不但在抗击金兵的战争中立下赫赫战功，保护了广大人民的生命财产免于遭受金兵的蹂躏，而且军纪严明，"冻死不拆屋，饿死不掳掠"，深得人民的爱戴。他领导的抗金斗争是正义的，符合人民利益的，也是符合社会进步要求的。其爱国主义精神和坚贞不屈的民族气节为历代人们所敬仰，值得我们永远怀念。

■大事坐标 ｜

1103 年	出生。
1126 年	参军抗金。
1141 年	被解除兵权。
1142 年	以"莫须有"的罪名被杀害。
1162 年	宋孝宗为岳飞平反冤情，改葬于栖霞岭。

■关系图谱 ｜

遗臭万年

秦桧

■名片春秋

秦桧（1090~1155），字会之，江宁（今江苏南京）人。中国历史上十大奸臣之一，南宋著名奸臣、主和派代表人物。因以"莫须有"的罪名处死岳飞而遗臭万年。北宋末年任御史中丞，与宋徽宗、钦宗一起被金人俘获。南归后，任礼部尚书，两任宰相，前后执政19年。

■风云往事

◇被俘北上　叛国投敌◇

秦桧出身于汉族地主家庭。他父亲当过静江府古县（今广西永福县境）令，这在宋朝统治阶级中只算得上一个小官。按照这样的生活背景，他不可能疾速地飞黄腾达。他年轻的时候做过私塾先生，但他对这个职业并不满意，甚至牢骚满腹，说"若得水田三百亩，这番不做猢狲王"。他要求不高，只要有几百亩好田，不再当"童子师""孩子王"，不再靠束修自给，也就可以了。他当初也未想到自己会到宰相的位置，自从中进士后，他就扶摇直

▲ 南宋突火枪

上了。

在宋徽宗、钦宗被俘后，女真贵族要立张邦昌为傀儡，时任御史中丞的秦桧不发一言。御史马伸等人上书反对立张邦昌，要求秦桧也签名。秦桧起先不同意，但数十名官员先后签名，马伸"固请"，秦桧无奈，只得签名。因在上书者中秦桧官职较高（言官之首），于是在1127年，金人以秦桧反立张邦昌为由，将他捉去，同去的还有他的妻子王氏及侍从等。这时宋徽宗得知康王赵构即位，就致书金帅完颜宗翰，与约和议。秦桧还负责了议书的修订。秦桧还以厚礼贿赂完颜宗翰，金太宗把秦桧送给他弟弟完颜昌任用。

▲ 张邦昌（1081~1127），
宋朝丞相

◇弄虚作假 获得信任◇

1130年，金将完颜昌带兵进攻淮北重镇山阳（即楚州，今江苏淮安）命秦桧同行。为什么要秦桧同行呢？从完颜昌的策略看，诱以和议，内外勾结，才能致南宋于亡国之境。这个"内"，只有秦桧可用。而秦桧卖身投靠女真贵族的面目，在南宋朝野还未彻底暴露，所以被金统治者作为合适的人选。山阳城被攻陷后，金兵纷纷入城。秦桧等则登船而去，行到附近的涟水（今江苏涟水），被南宋水寨统领丁祀的巡逻兵抓住，并要杀他。秦桧说："我是御史中丞秦桧。这里难道就没有人认识我堂堂大宰相。"有个卖酒的王秀才，不认识秦桧，但装作认得秦桧的样子，一见就作个大揖说"中丞劳苦，回来不容易啊！"大家以为王秀才既然认识秦桧，于是放了秦桧，而以礼相待，后来把他们送到临安。

秦桧回到临安后，自称杀死了监视他们的金兵夺船而来的。臣僚们随即提出一连串的问题：孙傅、何栗、司马朴是同秦桧一起被俘的，为何独你一人归来？从燕山府（今北京城西南）到楚州2 800里，要跋山涉水，难道路上没有碰上盘

▲ 张邦昌卖国

▲ 李光（1078~1159），
宋代名臣

秦桧

无名氏
宋金二帝利兼身，
卖国千年独罪臣。
名相百朝能有几？
连吾不过两三人。

查询问，能杀死监守人员，一帆风顺地南归？就算是跟着金将完颜昌军队南下，金人有意放纵他，也要把他家眷作为人质扣留，为什么能与王氏偕行而南呢？这些疑问只有他的密友、宰相范宗尹和李回为他辩解，还说秦桧如何效忠皇上，忠心耿耿。

◇消灭政敌　巩固势力◇

秦桧为进一步控制南宋朝政，巩固自己的权势，迫害异己、消灭政敌就成了他任相以后的主要任务。秦桧诬陷的手法极其阴诈险恶。他有时通过自己操纵的台谏弹劾政敌，而罪名是可以随心所欲捏造的；有时他还亲自书写奏疏，交给爪牙出面代奏，大家一看便知这是秦桧的笔法。秦桧居心叵测，凡是和朝臣在高宗面前发生争执时，他开始往往不多言语，貌似自己处于弱势，但最后却恶言相对，诽谤他人，将其置于死地。

有一次，秦桧和李光言语冲突。李光说了许多针对秦桧的意见。秦桧沉默不语，等李光说完后，他才慢悠悠地甩出了一句"李光没有人臣之礼"，言外之意是不尊重皇帝。就这一句话使高宗对李光大为不满。秦桧还大搞恐怖政治。他的走卒布满京城，官吏百姓稍微说几句不满的话就有可能立即锒铛入狱。

在排斥异己、钳制舆论的同时，秦桧还竭力培植党羽，搜罗亲信。凡是依附自己的人立即予以任用，即使是品德下流的不肖之徒，一言契合，他也立刻授予高官显职。散郎王扬英迎合秦桧的旨意上书举荐秦桧养子秦熺为相，秦桧就"报以桃李"，推荐王扬英知泰州。其他像孙近、詹大方等人都因卖身投靠而相继跻身政要。"顺我者昌、逆我者亡"是秦桧的处世哲学。即便对于其亲信爪牙，他也是想杀就杀，绝不怜悯。用得着时各种优厚待遇，用不着或稍有猜忌时，便狠下毒手，毫不手软。

◇千古奇冤　岳飞被害◇

　　岳飞因一心抗金，反对投降求和，深为秦桧所忌。1140 年金兵南侵，被宋军打得大败。岳飞以河南北诸路招讨使之职率兵抗敌，在郾城 (今河南郾城) 大破金兀术的"拐子马"，乘胜进军朱仙镇。岳飞激励将士曰："直抵黄龙府，与诸君痛饮尔。"当时，高宗和秦桧站在同一战线，都主张投降。秦桧居心尤恶，他要在南宋处于劣势的情况下讲和，才能显出议和的重要性和他的作用。高宗也不愿再战，更不愿迎请二帝还朝，因这样会威胁他的帝位。君臣各怀鬼胎，沆瀣一气，即尽快结束战争局面。所以，岳飞正拟进兵，秦桧却派人催促退兵。岳飞不肯退兵。秦桧先用紧急文书命另两路兵马统帅张俊、杨沂中率军火速撤回，使岳飞处在孤立无援的境地，然后一天发出 12 道金牌命令岳飞回师。最终，岳飞无奈之下，只能回朝，刚刚收复的失地重新沦陷。

　　为实现和议，秦桧秉承高宗旨意，将三帅兵权尽收囊中。他任命韩世忠、张俊为枢密使，岳飞为枢密副使。金兀术最怕岳飞，又向秦桧提出，必须杀死岳飞，方能商量议和之事。秦桧也恨岳飞不依附自己，更恨他坚决主战的态度和杰出的军事才能，于是下决心要害死他，扫除其投降路上的一道障碍。岳飞在各将领中最年轻，30 岁时即统率一军，独当一面。起初张俊对岳飞充满敬意，后来见岳飞屡立战功便暗生忌妒之心，于是便依附秦桧，参加了谋害岳飞的活动。

　　为了陷害岳飞，秦桧可谓煞费苦心，他先找死党上奏章弹劾岳飞，解除岳飞的兵权。后又利用张俊的忌妒心理及与岳飞之间的矛盾，找张俊商量谋害岳飞。二人先找来岳飞的部下，以重赏封官为诱饵引其检举告发岳飞。可无人这么做。张俊听说岳飞曾处治过统制王贵，并屡加杖刑，就去

▲ 南宋刘松年《中兴四将岳飞、张俊、韩世忠、刘光世图》(张俊为左起第四人)

▲ 秦桧夫妻跪像

万俟卨（1083~1157），南宋初奸臣，开封阳武人，依附于秦桧，高宗绍兴十一年（1141）秉承秦桧之意弹劾岳飞，主治岳飞之狱，诬陷岳飞，致使岳飞父子和张宪等被害。后与秦桧争权，被罢黜。

动员王贵诬告岳飞，但遭到王贵严词拒绝。一计不成，再生一计。秦桧听说岳飞手下有个绰号叫雕儿的部将王俊贪婪奸诈，曾屡受张宪的制裁，虽有怨言但因军纪严明不敢兴风作浪。秦桧便暗中封官许愿，又送他许多金银，唆使他诬告岳飞。王俊本贪婪无行，见钱不要命，哪有良心呢？但他水平太低，不知怎样写诬告信。后来张俊出面，亲自写好，让他抄写上报。信的主要内容是"岳飞部下副都统张宪谋据襄阳，求还岳飞兵柄"。作为主谋之一的张俊又是枢密使，见到呈上的诬告信后，立即传令拘捕张宪，严刑拷问。属吏曾提醒张俊说枢密院没有审判权。张俊全然不顾，对张宪严刑拷打。张宪几次昏死也不招供。张俊只能捏造一份假供。秦桧则凭这个假口供请示过高宗后逮捕岳飞，将岳飞父子下狱，并命中丞何铸、大理卿周三畏审讯。

二人提审岳飞。岳飞脱衣让他们看，只见后背刺有"精忠报国"四个大字。询查后又无佐证，他们深知岳飞之冤。何铸虽是秦桧党羽，也不忍心枉害忠臣。周三畏则罢官走了。

秦桧不达目的，誓不罢休，见何、周二人不肯再审，就起用万俟卨（mò qí xiè）去办理此案。万俟卨用尽灭绝人性的手段拷打岳飞。岳飞被折磨得死去活来，就是不肯屈服。万俟卨黔驴技穷，再用张俊故伎，让手下人编个口供，说岳飞曾令手下将领于鹏、孙革致书张宪、王贵，让他们谎报敌情以惊动朝廷；又说岳飞曾与张宪通信，让张宪想办法还岳飞的兵权。因没有证据，他就说："书已被焚，无从勘证，应再求证人。"秦桧又悬赏募集证人。两个月后竟无人作证。万俟卨再编造其他罪名，也毫无证据。秦桧、张俊等如此悖逆猖狂，朝廷中的几名忠臣实在忍无可忍。薛仁辅、李若朴、何彦猷等都曾上书为岳飞呼冤。高宗看过后压下不发。韩世忠在大堂上质问秦桧，岳飞究竟犯了什么罪。秦桧答道："飞子云与张宪书，虽未得实据，恐怕是莫须有的事情。"韩世忠气愤地说："'莫须有'三字何以服天下？"秦桧也不答复。韩世忠见状，知道奸臣当道，大宋必完，干脆辞职还乡隐居。

　　秦桧又找新证，说岳飞有"不臣之心"，于是以这条罪名和逗留淮西两条根本不能成立的罪状把岳飞定成死罪。昏庸的宋高宗居然下诏赐岳飞狱中缢死，张宪、岳云斩首，也可见这皇帝当得糊涂。

■历史评价 |

　　在人们的印象中，秦桧从来就是卖国奸臣的代名词。后人将秦桧等四名谋害岳飞的主谋用白铁铸像，令其永跪岳飞墓前，并有联曰"青山有幸埋忠骨，白铁无辜铸佞臣"。从中可见人们对秦桧的憎恶。

■大事坐标 |

1090 年	出生。
1115 年	登第。
1130 年	金将完颜昌带兵进攻淮北重镇山阳时同行。
1138 年	被赵构起用为相。
1139 年	不顾赵鼎、韩世忠、岳飞、李纲等人的反对，签订了宋金和约。
1142 年	以"莫须有"的罪名处死岳飞。
1155 年	去世。

■关系图谱 |

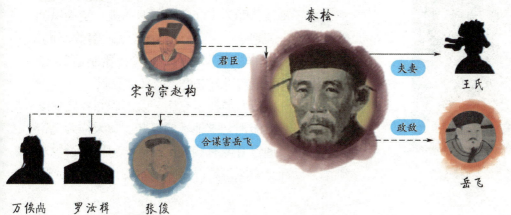

民族英雄

文天祥

■名片春秋 |

文天祥（1236～1283），初名云孙，字宋瑞，选中贡士后，换以天祥为名，改字"履善"。吉州庐陵（今江西吉安）人，南宋末大臣、抗元名将。文天祥以忠烈名传后世，被俘期间，元世祖以高官厚禄劝降，文天祥宁死不屈，从容赴义，其生平事迹被后世称许，与陆秀夫、张世杰被称为"宋末三杰"。

■风云往事 |

◇得罪权贵　一度罢黜◇

1264 年，宋理宗逝世。太子在奸臣贾似道的拥护下当了皇帝，即为宋度宗，贾似道进一步操纵朝政。他荒淫无耻，一手遮天，南宋朝政腐败不堪。1270 年，文天祥出任军器监（掌管武器制造）、崇政殿说书（为皇帝讲解书史、经义）等职。

有一次，贾似道托言有病，以去职回乡要挟度宗，皇帝竟然流泪乞求他不要离开。文天祥为皇帝起草诏书，他没有像有些大臣那样，对贾似道歌功颂德，反而直言臣下要以国事为重，指出贾似道的

▲ 宋理宗赵昀坐像

行为是"惜其身""违朕心"。结果贾似道记恨于心终于找机会将文天祥罢免。

1270年，文天祥被陷害回到家乡，他深感人心险恶，世道污浊，决意息影林泉。他在文山修建了一所山庄，隐居于此，寄情山水，留下了不少文学作品。然而，他的内心一点也不宁静，每见落叶萧萧，凉月堕阶，忧国忧民之情就油然而生。1273年，朝廷起用他为湖南提刑，掌管狱讼，为了黎民百姓，他再次出发。

◇乱世忠国　誓死不屈◇

1275年正月，元军再次南下，宋军的长江防线全线崩溃，朝廷下诏让各地组织兵马勤王。文天祥立即捐献家资充当军费，招募当地豪杰，组建了一支万余人的义军，开赴临安。宋朝廷委任文天祥为知平江府，命令他发兵援救常州，旋即又命令他驰援独松关。由于元军攻势猛烈，江西义军虽英勇作战，但还是以失败告终。

第二年正月，元军兵临临安，官员吓得魂飞魄散，四散而逃。谢太后任命文天祥为右丞相兼枢密使，派他出城与伯颜谈判。文天祥到了元军大营，却被伯颜扣留。谢太后见大势已去，只好割地让城，向元军投降。

元军占领了临安，但两淮、江南、闽广等地还未被元军完全控制和占领。于是，伯颜企图诱降文天祥，利用他的声望来尽快收拾残局。文天祥宁死不屈，伯颜只好将他押解北方。行至镇江，文天祥冒险出逃，历经艰难险阻，于1276年五月辗转到达福州，被宋端宗任命为右丞相。

◇兵败被俘　以死殉国◇

1277年八月，蒙古铁骑向南宋发起大规模的进攻。督府军由于没有作战经验，也没有经过严格训

▲ 文天祥画像

伯颜（1236～1295），蒙古八邻部人。元朝大将。南宋汪元量有诗赞曰："伯颜丞相吕将军，收了江南不杀人。昨日太皇请茶饭，满朝朱紫尽降臣。"

▲ 张弘范（1238~1280），
元朝军事家、统帅

五坡怀古

明·林大钦

孤忠祠下拜冠裳，北望燕云几夕阳。
庙食不惭专俎豆，路碑留得好文章。
江山有色长灵秀，草木无知亦感伤。
百十年前双眼孔，几人生死为纲常。

练，战斗力不强，在铁骑猛烈的冲击下，惨淡收场，文臣武将或死或降，文天祥一家基本被杀害，只剩三人。虽然文天祥受到了国破家亡和妻离子散的巨大打击，但他没有动摇抗元意志。他带兵入粤，在潮州、惠州一带继续抗元。1278 年十二月，文天祥不幸在五坡岭被一支偷袭的元军俘获。他想要自杀来保住自己名节，也没成功。

元朝的元帅张弘范率水陆两路军队直下广东，要彻底消灭南宋流亡政府。文天祥被他们用战船押解到珠江口外的伶仃洋（今属广东）。张弘范派人请文天祥写信招降张世杰，文天祥当然坚拒写招降书，反而写了一首七言律诗，以明心志。这首诗就是流芳千古的《过零丁洋》，全诗如下：

辛苦遭逢起一经，干戈寥落四周星。

山河破碎风飘絮，身世浮沉雨打萍。

惶恐滩头说惶恐，零丁洋里叹零丁。

人生自古谁无死？留取丹心照汗青！

张弘范读到"人生自古谁无死，留取丹心照汗青"两句时，也深受感动，对文天祥敬佩之情油然而生，不再强逼文天祥了。南宋在崖山灭亡后，张弘范向元世祖请示如何处理文天祥，元世祖说："谁家无忠臣？"命令张弘范对文天祥以礼相待，将文天祥送到大都（今北京），软禁在会同馆，决心劝降文天祥。元世祖首先派出降元的原南宋左丞相留梦炎对文天祥现身说法，进行劝降。文天祥一见留梦炎便怒不可遏，留梦炎最终灰溜溜走了。元世祖又让降元的宋恭帝赵显来劝降。文天祥北跪于地，痛哭流涕，对赵显说："圣驾请回！"赵显也没成功，快快而去。

1282 年十二月八日，元世祖亲自劝降，召见文天祥。文天祥对元世祖仍然是长揖不跪。元世祖也没有强迫他下跪，只是说："你在这里的日子久了，如能改心易虑，用效忠宋朝的忠心对朕，那朕可以在中书省给你一个位置。"文天祥回答："我是大宋的宰相。国家灭亡了，我只求速死，不想苟活。"元世祖又问："那你愿意怎么样？"文天祥回答："但愿一死足矣！"元世祖十分气恼，于是下令立即处死文天祥。

1282 年十二月初九，是文天祥就义的日子。这一天，兵马司监狱内外，布满了全副武装的卫兵，戒备森严。百姓听到文天祥就义的消息，都来给文天祥送行。从监狱到刑场，文天祥走得神态自若，举止安详。行刑前，文天祥问明了方向，随即向着南方拜了几拜。监斩官问："丞相可否想好，不再回头？回头尚可免死。"文天祥不再说话，从容就义。

■历史评价 ▎

在生死存亡间，文天祥矢志不移，坚贞不屈，

绝命词

文天祥
孔曰成仁，孟曰取义，唯其义尽，所以仁至。
读圣贤书，所学何事？而今而后，庶几无愧。

▲ 江西吉安文天祥纪念馆

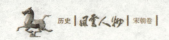

慨然赴难。700 余年飞逝，伶仃洋潮涨潮落，惶恐滩春来冬去，文氏祠草
枯草荣。文天祥忠贞报国，他这种"以身殉道不苟生，道在光明照千古"
的民族气节，必将对海内外游子起到潜移默化的教化作用，从而振奋民
族精神，使爱国主义的优良传统得以发扬。

文天祥不仅是一个民族主义者，也是一个政治家。他积极倡导改革，
认为南宋的危机主要在内部而非外部。他批评南宋"守内虚外"的方针，
要求加强地方力量以抵御外侮。同时提出革除祖宗专制之法，通言路、集
众思、从众谋，发挥中书枢密院的作用，主张用人必须举贤任能，收用君子，
起用直言敢谏之士。由此可见，文天祥的政治主张，不但表达了时代要求，
而且推动了历史向前发展。

■大事坐标┃

1236 年	出生。
1256 年	中状元后再改字宋瑞，后因住过文山，而号文山，又有号 浮休道人。
1276 年	被宋端宗任命为右丞相。
1283 年	在大都柴市（今北京交道口南大街）殉国。

■关系图谱┃

误国奸臣

贾似道

■名片春秋 |

贾似道（1213～1275），字师宪，号悦生、秋壑，浙江天台人。贾涉之子，南宋宋理宗时权臣，中国历史上有名的奸臣之一。1275年遭罢官、贬逐，为监送官郑虎臣擅杀于漳州。

■风云往事 |

◇玩忽职守　贪图玩乐◇

在西湖北山的葛岭，宋理宗为贾似道建造了一座前所未有的庄园。庄园里有各式奇花异草，穷极奢华，占尽胜景，名曰"后乐园"。北宋范仲淹"先天下之忧而忧，后天下之乐而乐"的名句脍炙人口，却被昏君奸臣滥用于此。贾府与皇宫隔湖相对，早晨听到上朝钟声，贾丞相才下湖。船系在一条粗缆绳上，绳端连着一个大绞盘，行走不必划桨撑篙，十几个壮夫拼命推绞盘，船行如飞，一会儿便到宫前。贾似道赶走正直的大臣，把大小朝政都交给大小门客处理，自己每日在园中享乐。娼妓、尼姑、旧宫女都被他弄来，日夜喝酒淫戏，只有年轻时结

题临安邸

林升

山外青山楼外楼，西湖歌舞几时休？
暖风熏得游人醉，直把杭州作汴州。

▲ 宋度宗赵禥画像

识的酒朋赌友能进贾府。一天，贾丞相又趴在地上，与群妾斗蟋蟀玩，一个熟悉的赌友拍拍他的肩膀，笑着说："这就是平章的军国重事吧？"在宋代，平章就是宰相的别称，贾丞相也狂笑起来。因此，当时人说："朝中无宰相，湖上有平章。"

◇风流成性 行径恶劣◇

贾似道是南宋最后一位权臣。他自幼顽劣，酗酒赌博，品行不端。他的异母姐姐为宋理宗的爱妃，他凭着这层关系青云直上，不久就跻身于朝廷执政大臣之列。执政的贾似道，有恃无恐，更加放浪形骸，经常混迹于酒楼妓馆，还经常泛舟于西湖彻夜宴游。他混迹朝廷，虽有一些执政管理能力，但奸恶无道，窃弄威权。

1259年，忽必烈率蒙军包围鄂州久攻不下，因军中瘟疫流行，粮食供应不济，再加上国主蒙哥死难，正准备撤军。贾似道不经禀报，私自做主，下对蒙古称臣议和，不但割让长江以北大片土地，每年还得进贡白银20万两、绢20万匹。事后他不准将官将议和一事报告皇帝，凡有异议的，不是被杀害就是被撤职。他还自刻《奇奇集》，把丧权辱国求和的事吹嘘成"鄂州退敌大捷"。宋理宗死后，宋度宗继位，他又官晋太师，还被封为魏国公，此后，他的所作所为更加肆无忌惮。

他看中了一位大臣的一条玉带。可是这个人死后，玉带也与之随葬，他便下令掘墓攫为己有；他一小妾的兄长到他王府前窥视，被他碰见，竟下令把他捆绑起来扔到火中烧死；他的爱妾李氏看到两位青年男子风度翩翩，脱口赞道："美哉，二少年！"他听后便把李氏头颅砍下来，装在盒子里让众姬

▲ 蒙古帐幕车

妾观看。1274年，忽必烈下诏进攻南宋。第二年，贾似道率13万兵在丁家州被元军打得大败，被杀将士不计其数，江水都被将士的血染红了。贾似道由此被朝廷免职。

◇无赖误国 人人唾弃◇

蒙古、南宋联合灭掉金朝以后，南宋乘机出兵，想要借机收复开封、河南一带土地。窝阔台借口南宋破坏协议，进攻南宋。此后，宋蒙双方不断发生战争。

蒙哥即位后，派弟弟忽必烈和大将兀良合台进军云南，控制了西南地区。公元1258年，蒙哥分兵三路，进攻南宋。他自己亲率主力进攻合州（今四川合川），忽必烈攻打鄂州（今湖北武昌），另一路由兀良合台率领，从云南向北攻打潭州（今湖南长沙），准备三路会师后，直取临安。

蒙哥的军队进攻合州的时候，合州宋将王坚和全城军民奋起反抗，坚守合州东面的钓鱼城。蒙古军把钓鱼城围了5个月还没有攻下来，蒙哥却在攻城的时候被炮石打中，受了重伤，不久便去世了。

忽必烈正向鄂州进兵，还没过江，得到蒙哥的死讯，有人劝他赶快回到北方去争夺汗位。忽必烈说："我奉命来攻打宋朝，哪能空手回去？"

忽必烈对江边的地形地势认真研究后，就派几百人的敢死队当先锋强渡长江，宋兵没有防备果然溃败。蒙古兵就大举渡江，把鄂州围住。

急报接二连三地传到临安，震动了南宋王朝。宋理宗命令各路宋军援救鄂州；又任命贾似道担任右丞相兼枢密使，到汉阳督战。

贾似道本就是个无赖之徒，不务正业。这回，宋理宗要他上汉阳前线督战，他只好硬着头皮去了。有一次，他听说前面有一队蒙古兵，吓得直打哆嗦，嘴里连声叫着："怎么办？怎么办？"后来，蒙古

▲ 元宪宗蒙哥画像

元宪宗蒙哥（1209~1259），蒙古帝国可汗，史称"蒙哥汗"。1251~1259年在位，为成吉思汗铁木真之孙。即位后主要致力于攻灭南宋、大理等国。

▲ 元世祖忽必烈画像

纯白
....
贾似道

白头白项白丝攒，翅似铺银肉似霜。
乌牙黑脸肚如粉，此物正是促织王。

兵只是抢了些东西，并没有准备作战，贾似道这才松了口气。

忽必烈攻城越来越猛。贾似道眼看形势紧张，就瞒着朝廷，偷偷地派个亲信到蒙古营去求和，表示只要蒙古退兵，宋朝就愿意称臣，进贡银绢。忽必烈攻得正起劲，不肯就此罢休。正在这时候，忽必烈接到他妻子派人秘密来报，说蒙古一些贵族正在准备立他弟弟阿里不哥做大汗。忽必烈急着想回去争夺汗位，就答应了贾似道的请求，订下了秘密协定。贾似道答应把江北土地割给蒙古，并且每年向蒙古进贡银、绢各 20 万。忽必烈看贾似道做出承诺，就急忙撤兵回北方去了。

贾似道回到临安，对私自订和约的事闭口不提，却抓了一些蒙古兵俘虏，吹嘘各路宋军取得大胜，不但赶跑了鄂州的蒙古兵，还把长江一带敌人势力全部肃清了。宋理宗昏庸无度竟听信了贾似道的弥天大谎，认为贾似道立了大功，专门下一道诏书，赞赏他指挥有方，给他重重嘉奖。

忽必烈回到北方，在当地将领的支持下即大汗位。他想起了在鄂州跟贾似道订下的和议，就派使者郝经到南宋去，要求履行和约议定的条件。郝经到了真州（今江苏仪征），先派副使带信给贾似道。贾似道一听郝经要到临安来，怕他的骗局露馅，赶快派人到真州把郝经扣了起来。忽必烈听到这个消息，十分恼火。那时候，蒙古内部发生了内讧，忽必烈的弟弟阿里不哥跟忽必烈争夺权力，发生了战争。忽必烈全力对付阿里不哥，暂时无力处理这件事情。贾似道靠欺骗过日子，居然做了十几年的宰相。

■历史评价 I

客观地说，贾似道能力不是很强，而且私德不好。但是，他是所有南宋剩下的资历够当宰相的人里最强的了，其他的人干脆就是只会写道德文章的腐儒。所以说，贾似道算是瘸子里面的将军，被推到了风口浪尖上。但是，在元军大举攻宋的时候，他还向敌人称臣请降，成了出卖国家和民族利益的罪人，最后落得个人人唾弃的可耻下场。贾似道好收藏，聚敛奇珍异宝，书法名画，今尚存世的许多古代书画真迹，如《王羲之快雪时晴帖》《展子虔游春图》《欧阳询行书千字文卷》等，都出自他的收藏。

■大事坐标 |

1213 年	出生。
1238 年	登进士第，当时其姐已为宋理宗贵妃，于是升为太常丞、军器监。
1241 年	改湖广统领，始领军事。
1264 年	宋理宗死，宋度宗即位。
1267 年	进为太师，平章军国重事。
1275 年	被罢官、贬逐。八月，被监送官郑虎臣擅杀于漳州。

■关系图谱 |

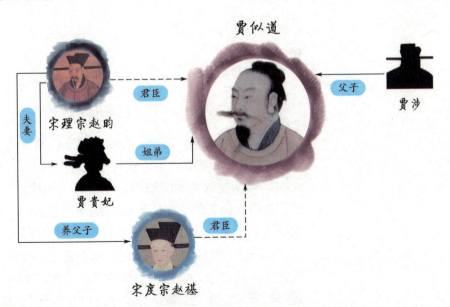

抗元名臣

陆秀夫

■名片春秋 ▮

陆秀夫（1236~1279），字君实，字宴翁，楚州盐城长建里（今江苏建湖建阳）人。宋末政治家，南宋抗元名臣。宋理宗宝祐进士。初为李庭芝幕僚，后任礼部侍郎等职。临安失守后退至福州，与张世杰等拥立赵昰为帝。赵昰死，又拥立赵昺，奉皇帝居崖山（今广东新会南），任左宰相，继续组织抗元。与文天祥、张世杰并称"宋末三杰"。

■风云往事 ▮

◇少小聪明　性情沉静◇

陆秀夫自幼聪明超群，在学堂读书时常被老师夸奖："这百余蒙童之中，独有秀夫为非凡儿。"稍大时，喜读爱国为民的书卷，才思日渐敏捷，7岁便能作诗文，19岁时考取进士，与留下传世警句"人生自古谁无死，留取丹心照汗青"的文天祥同榜。当时镇守淮南的制置使李庭芝，知人善任，他得知陆秀夫年轻有为，便礼聘到他的幕府任职。而淮南是当时天下贤能之士聚集的地方，有"小朝廷"之称，所以陆秀夫在此处才能得到了充分发挥。

陆秀夫的才思清丽，很少有人能与他匹敌，但他并不以此自傲。他性情十分沉静，不喜张扬。每当那些僚吏来拜访、宾主互相取乐时，只有陆秀夫独自一人在旁，默默无语。有时府中设宴摆酒，陆秀夫坐在席间，也不多言语，人们都觉得他十分怪僻，难以接近，所以很少有人与他合得来。但陆秀夫治事有方、稳重干练深得李庭芝的赏识和器重。即使自己官位升迁了也没有让他离开，这样，陆秀夫在府中的地位越来越高，一直到主管机宜文字。

▲ 江苏建湖陆秀夫纪念馆内景忠书屋——陆秀夫读书处

1275 年，元朝举兵南下进攻南宋，两淮地区情况更加紧急。李氏幕府分崩离析，众人纷纷离去，唯独陆秀夫临难不惧，与李庭芝同舟共济，誓死抗敌。李庭芝深深为他这种疾风劲草的宝贵品格所感动，觉得他是一个难得的忠义之士，就把他作为中流砥柱之材推荐给朝廷，官至礼部侍郎。

◇风雨飘摇　拱手让权◇

在元军逼近临安时，南宋朝廷已是风雨飘摇，不堪一击。胆小如鼠的文臣武将惶惶不可终日，风声鹤唳，谈虎色变。贪生怕死的左丞相留梦炎率先弃官外逃；六部官员竞相效仿，接踵远走他乡。短短几天之内，辞职的官员不可胜数，闹得赵家王朝顿时"门前冷落车马稀"。

面对岌岌可危的政局，摄政的太皇太后、72 岁的谢道清守着 6 岁的幼童、宋恭宗赵㬎，忧心如焚。束手无策的寡妇孤儿，最后想出一条对策，用谢氏的名义半是乞求、半是恫吓地在朝堂上张贴出一道诏谕，大意是："大宋得天下三百余年，对读书智慧的士大夫向来优礼厚爱。如今我与幼帝遭难，文武百官竟熟视无

▲ 宋恭宗赵㬎画像

▲ 广东从化陆氏广裕宗祠内陆秀夫石像

睹，没一人能承担起救国之大任。朝内辅臣玩忽职守，州城守将弃印丢城，御史纠查不力，丞相执政无方，遂使不轨之徒里应外合，图谋夜逃。你们自称平日读圣贤书，通达事理，在此国难之际，却做出如此令人鄙视的丑事，还有什么脸面活着为人？死后又有什么资格去见先帝！大宋江山未改，国法尚在，自即日起，文武官员凡尽心守职者，一律官升两级；倘有临难弃官出逃者，御史将严加追究惩处。"但是，当年曾使群臣敬畏的诏谕，如今也成了地道的一纸空文，无人愿为国难出谋划策。

内外交困的太皇太后，慑于元军泰山压顶般的武力威胁，最后与右丞相陈宜中商定：走议和乞降的路。她先派柳岳等三人前往伯颜营中请求元朝罢兵议和。但伯颜却一口否绝毫不留情。继而又派监察御史刘观杰再去伯颜营中"奉表称臣"，许诺每年进贡银 25 万两，绢 25 万匹，幻想用此沉重代价换取南宋朝廷残存一隅。伯颜对此退让非但不许，反要南宋丞相亲自出面请降。消息传回临安，陈宜中连夜逃往温州，遂使南宋违约。伯颜大怒，命令元军进驻临安城郊 30 里处皋亭山，以示警告。太皇太后任命文天祥为右丞相兼枢密使，与伯颜议和。但文天祥却被伯颜所扣。太皇太后无奈，她用小皇帝赵㬎的名义向元"百拜奉表"，自动削去帝号，改称"国主"，派监察御史杨应奎带着宋朝传国玉玺去伯颜营中，将残存山河拱手让出，宣告南宋偏安江南局面的彻底结束。

◇流亡政府　苟延残喘◇

在元军进驻临安之前，风雨飘摇的南宋朝廷匆匆忙忙晋封吉王赵昰（shì）为益王，令其统管福州；同时晋封信王赵昺（bǐng）为广王，令之统管泉州。二王在临安即将陷落时，由驸马都尉杨镇等护卫，出京师，去温州。欲对宋室斩草除根的伯颜获悉，派兵追去，未果而还。

临安沦陷后，南宋仍有一些有志之士，不甘心就此丧国，他们得知益王、广王抵达温州，都怀着东山再起的心情前去投奔。陆秀夫就是在这时辗转来到温州的。随后，张世杰率领的一支水军也扬帆赶到。陈宜中出逃带来的船队，恰好又停泊在温州附近的清澳。于是，昔日宋室的这批重臣如今又聚集在二王的麾下。陆秀夫和陈宜中、张世杰等人经过磋商，一致主张重建朝廷，再造乾坤。接着他们便在温州江心寺拥立益王为天下兵马都元帅，广王为副元帅，同时发布檄文，诏示各地忠臣义士紧急勤王，光复旧物。正在这时，已经成为伯颜阶下囚的太皇太后，准备迎接二王回归临安降元。陆秀夫等人不愿归还，扶持二王出海来到福州。

1276 年五月初一，益王在福州正式登基称帝，改元景炎，是为端宗。同时，晋封广王为卫王，并组成以陈宜中、张世杰、陆秀夫为首的行朝内阁，重整旗鼓，中兴朝政。对南宋王朝来说，福州政权的建立是其复兴的希望，但这种希望却也不是很大。

当时，福州政权只不过是流亡政府而已，被人们称为"海上行朝"。在此政权建立之初，臣僚之间尚能同心协力，但不久就矛盾丛生。外戚杨亮节以国舅自傲，"居中秉权"，张世杰与陈宜中议论不合；文天祥也因与陈宜中意见不合，被排挤出朝廷；苏列义受压制，郁郁不得志；而陆秀夫更是有志难伸，处处受到陈宜中的排挤。

十一月，元军进攻福州，张世杰等率领 17 万官军和 30 万民兵，护送端宗及卫王登舟入海，驶向泉州。1277 年九月，又转移到浅湾。陆秀夫

鹤林寺

陆秀夫
岁月未可尽，朝昏屡不眠。
窗前多古木，床上半残编。
放犊饮溪水，助僧耕种田。
寺门外断扫，分食愧农贤。

▲ 张世杰画像

张世杰（?~1279），南宋名将，张柔之侄，民族英雄，涿州范阳（今属河北范阳）人。蒙古灭金后，张世杰投奔南宋，成为南宋末年最重要的统帅。1278年，端宗死，又立赵昺为帝，任少傅、枢密副使，奉居山（在今广东新会南）。后与元将张弘范在海上决战，兵败突围，遇台风溺死。他与文天祥、陆秀夫被称为"宋末三杰"。

▲ 广东深圳宋少帝墓内陆秀夫身负小皇帝石像

南宋（1127~1279）

与西夏、金朝和大理为并存政权。南宋偏安于淮水以南，是中国历史上封建经济发达、古代科技发展、对外开放程度较高，但军事实力较为软弱、政治上较为无能的一个王朝。

复为签书枢密院事，杨太后垂帘听政，"与群臣语，犹自称奴"。陆秀夫每时节参与朝会，都"俨然正笏立，如治朝"，有时上朝的过程中，会潸然泪下，用朝衣拭泪，衣服都被泪水浸湿，左右大臣看了没有不悲痛的。但是宋朝还是一步一步走向灭亡，地方上虽有文天祥、李芾等人进行极其艰苦的抗元斗争，但大都无所作为，以失败告终。

◇**背帝投海　壮烈殉节**◇

1279年二月初六拂晓，彤云漫天，狂风呼啸。元军选择这样一个恶劣的天气发动总攻，意在先从精神上压垮疲惫的宋军。时近黄昏，风雨大作，咫尺之间，景物难辨。张世杰趁着海面混乱，让人驾轻舟去幼帝赵昺的座船，接他脱离险境，以便随时撤离。一直在舟中观察着战况的陆秀夫面对此景，知道事已不可为，深恐奸细乘机向元军卖主邀功，又担心轻舟难以躲避元军星罗棋布的舰船，招致幼帝被俘或遇难，因而断然拒绝来者请求。但他也知赵昺的座船笨重，又与其他舰船环结，行驶艰难。

陆秀夫估计已没有机会带幼帝安全撤退，于是便当机立断，决心以身殉国。他盛装朝服，先是手执利剑，催促自己结发的妻子投海；继而又劝说赵昺："国事至今一败涂地，陛下当为国死，万勿重蹈德佑皇帝的覆辙。德佑皇帝远在大都受辱不堪，陛下不可再受他人凌辱。"说罢，他背起

8 岁的赵昺，又用素白的绸带将二人绑一起。然后一步一步地走向船舷，踏上了从临安到崖山的最后里程——水天一色的茫茫大海。

杨太后听说赵昺死去，伤心欲绝，随即也跳海而死。之后随同跳海殉国的朝廷诸臣和后宫女眷少说也有 10 多万人。张世杰等了很久也不见接幼帝的船只回来，便知凶多吉少，于是果断突围，在夜幕下夺路而去。数日以后，许多死里逃生的将士，又驾驶舰船集聚在张世杰的座船周围，停泊在南恩 (今广东阳江) 的海陵山脚下。他们当中，有人给张世杰带来了陆秀夫背负赵昺共同殉难的噩耗。张世杰悲痛不已，正在这时，不幸之中又遇不幸，飓风再次袭来。舰船将士劝他上岸暂避，张世杰绝望地回答："算了。还是与诸君同甘共苦吧！"随后，他迈着沉重的脚步，艰难地登上座船舵楼，痛苦地俯视着在风浪中飘摇的宋军残船，焚香祷告上天说："我为赵氏江山存亡可谓鞠躬尽瘁了，一君身亡，复立一君，如今又亡，大宋从此再无君可立了。我在崖山没有殉身，是指望元军退后再立新君，光复宋朝江山。然而，国事发展如此令人失望。难道这是天意！"张世杰说到此处，突然坠身入海，又一位英豪沉入汹涌波涛中……

崖山之战终于以宋军的彻底失败而告终，它标志着南宋流亡政府的最后崩溃，也宣告了历时 320 年的宋朝最后灭亡。

▲ 广东潮州陆秀夫陵园

■历史评价 |

陆秀夫是中国历史上伟大的爱国者，他受命于

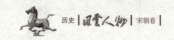

危难之际，殚精竭虑，颠沛流离，试图力挽狂澜，维护大宋江山。可是，腐败的南宋王朝又岂是个人的力量能挽救得了的呢？他最终以自己的忠节之举报效了国家。他的努力虽未能重扶宋室，但其忠心报国的爱国精神却为世人所敬仰。

功过自有后人评说。在元朝的高压政治下，中原和南国人民尽管敢怒不敢言，心里却时刻思念着陆秀夫。没过多久，石壁上出现了一首诗："沧海有幸留忠骨，顽石无辜记汉奸。功罪昔年曾倒置，是非终究在人间。"元朝灭亡以后，人们为了表达对陆秀夫的怀念与敬意，怒不可遏地将当年颂扬张弘范的刻字铲掉，改镌"宋少帝与丞相陆秀夫殉国于此"，用以永远纪念这位临难受命、壮烈殉节的名臣。这就是有名的"功罪石"的来历。

■大事坐标 |

1236 年　　出生。
1275 年　　被李庭芝推荐给朝廷，调往临安。
1278 年　　赵昰死，勉励群臣，再立 8 岁的卫王赵昺为帝。
1279 年　　崖山海战为元军所败，负赵昺投海自杀。

■关系图谱 |

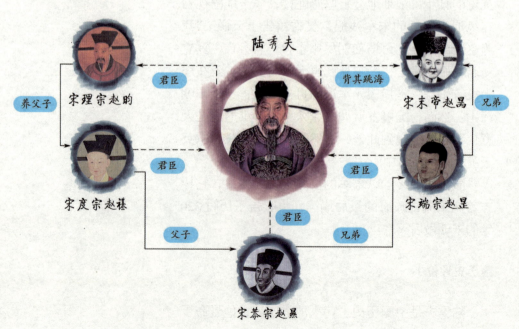

陆秀夫

宋理宗赵昀 —君臣→
养父子
宋度宗赵禥 —君臣→

背其跳海← 宋末帝赵昺
兄弟
君臣← 宋端宗赵昰

父子　　君臣　　兄弟
宋恭宗赵㬎

宋朝文化是中国文化历史中的丰盛时期，艺术、音乐、文学、哲学各方面都很有成就。

宋朝文化声名最显赫的当属"宋词"，现代人评说古代中国文学时常提及：唐诗、宋词、元曲、明清小说。可见，宋词在中国文学上地位之高，可以与唐诗平起平坐。词作为一种新兴文体出现在唐朝中后期，可它的发展以及壮大却是在宋朝。宋词分为两个派别：婉约派和豪放派。前者代表有柳永、李清照、晏殊、秦观、周邦彦。后者代表有苏东坡、辛弃疾、欧阳修、岳飞等。从李煜的"无言独上西楼月如钩"到苏东坡的"大江东去浪淘尽"，从李清照的"红藕香残玉簟秋"到辛弃疾的"了却君王天下事"，无一例外都成为文学中的经典，也使宋词从士大夫寄情娱乐上升到反映整个宋代社会精神面貌。

宋朝的理学很有特色。五代混乱不堪的历史给宋以启示，于是举国上下重拾儒学。文人学者都想从儒家经典里寻求一种真正的济世育人之道，他们将儒释道三教合一，形成一种新的儒学，后世称之"理学"。理学是对自然和社会规律的思考，主张相互辩论，相互启发，独立思考，大胆立论。周敦颐、邵雍、张载等为理学开山先师，提出了诸如天人之道、辩证法等很有价值的理论。程颢、程颐为北宋理学奠定基础，提倡格物致知，穷究于理。理学的集大成者朱熹，则进一步发扬了"二程"兄弟的理论，提出"理是存在的基础"。

中国画特别是山水画发展到宋代已经非常成熟。宋代山水画不仅仅描绘风景，还强调画中意境。它灿烂辉煌，质感强烈，时而柔和温雅，时而气势宏大。在苏轼的提倡下，慢慢走向追求自我表现，追求意境，务求神似的发展方向。南渡后，时人多描绘秀丽江南山水景色，构图简约，但花鸟画则更趋严谨精致。

宋代文化作为中国历史上的重要文化，是宝贵的精神财富，值得我们去思考，去研究，这一篇就带领大家去领略一下那散发着迷人气息的宋朝文化。

一代文宗

苏轼

苏轼（1037 ～ 1101），字子瞻，又称大苏，号东坡居士，眉州眉山（今属四川）人。北宋文学家、书画家，唐宋八大家之一。与其父苏洵、其弟苏辙合称"三苏"。著有《苏东坡全集》和《东坡乐府》等。

■ 风云往事 ▎

◇ 书香门第　才华卓越 ◇

1037 年，苏轼生于眉州眉山。苏轼的父亲苏洵，就是《三字经》里提到的"二十七,始发愤"的"苏老泉"。苏洵发奋虽晚，但却甚是用功。苏轼晚年曾回忆小时候随父读书的状况，感觉自己深受父亲的影响。当然，假若没有苏洵的发奋读书，也就不可能使苏轼幼年接受良好的家教，更不能年未及冠即"学通经史，属文日数千言"，他在文学方面的造诣也就不会这么高。

1056 年，苏轼首次出川赴京，参加朝廷的科举考试。第二年，他参加了礼部的考试，以一篇《刑赏忠厚之至论》获得主考官欧阳修的赏识，却因欧

▲ 苏洵（1009～1066），苏轼之父，北宋文学家

阳修误认为此文是自己的弟子曾巩所作，为了避嫌，只给了他个第二。

1061 年，苏轼应中制科考试，即通常所谓的"三年京察"，入第三等，为"百年第一"，被封大理评事、签书凤翔府判官。结果后来又赶上母亲在汴京病故，服丧归里。1069 年服满还朝，仍任职。他入朝为官之时，正是北宋开始出现政治危机的时候。繁荣的背后隐藏着危机，此时神宗即位，任用王安石变法。苏轼的许多师友，包括当初赏识他的恩师欧阳修在内，因在新法的施行上与新任宰相王安石政见不合，被迫离京。朝廷繁荣的景象已不复存在，苏轼眼中所见，已不是他 20 岁时所见的"平和世界"。

苏轼因在返京的途中见到新法对普通老百姓的损害，又因其政治思想保守，很不同意参知政事王安石的做法，认为新法不能便民，便上书反对。这样做的一个结果，便是像他那些被迫离京的师友一样，不容于朝廷。于是苏轼自求外放，调任杭州通判。从此，苏轼对王安石变法一直持否定态度。

苏轼在杭州任职三年后，被调往密州（今山东诸城）、徐州、湖州等地，任知州县令。他在任期间，政绩显赫，深得民心。这样持续了大概 10 年，苏轼遇到了生平第一祸事，也就是历史上北宋的一场文字狱，史称"乌台诗案"。

◇乌台诗案 惨遭贬谪◇

所谓"乌台"，即御史台，因官署内遍植柏树，又称"柏台"。柏树上常有乌鸦栖息筑巢，乃称乌台。所以此案称为"乌台诗案"。

1079 年，苏轼调到湖州（今浙江湖州），七月遭御史台所派遣的皇甫遵等人逮捕入狱，他们说苏轼的诗文有诽谤之嫌疑。御史李定、何正臣、舒亶等人，举出苏轼的《杭州纪事诗》作为证据，说他"玩弄朝廷，讥嘲国家大事"，更从他的其他诗文中

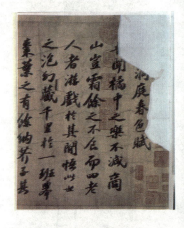

▲ 苏轼《洞庭春色赋卷》（局部）

杭州纪事诗

苏轼
吴王池馆遍重城，奇草幽花不记名。
青盖一归无觅处，只留双桧待升平。
凛然相对敢相欺，直干凌空未要奇。
根到九泉无曲处，世间惟有蛰龙知。

挖出一句二句，断章取义的予以定罪。如："读书万卷不读律，致君尧舜知无术"，本来苏轼是说自己没有把法律一类的书读通，所以无法帮助皇帝成为像尧、舜那样的圣人。他们却指他是讽刺皇帝没能以法律教导、监督官吏；又如"东海若知明主意，应教斥卤变桑田"，说他是指责兴修水利的这个措施不对。其实苏轼自己在杭州也兴修水利工程，怎会认为那是错的呢？

苏轼致祸的缘由，除上述的"莫须有"罪名外，还有人说是因为苏轼与宰相王安石的政见不一。当朝人的笔记里曾记载其事。

据说苏轼在朝廷任礼部尚书之时，他去王安石的书房乌斋找王安石。王安石不在，苏轼见乌斋台桌上摆着一首只写得两句的诗——"明月枝头叫，黄狗卧花心。"苏轼瞧了又瞧，好生质疑，觉得明月怎能在枝头叫呢？黄狗在又怎么会在花心上卧呢？以为不妥。于是提笔一改，将诗句改为"明月当空照，黄狗卧花荫"。

王安石回来后，对苏轼改他的诗极为不满，就将他贬到合浦。苏东坡到合浦后，一天，他出室外散步，见一群小孩子围在一堆花丛前猛喊："黄狗罗罗，黑狗罗罗，快出来呀！"苏东坡出于好奇，问他们在喊什么，小孩说，我们叫虫子快点出来，好捉它。苏东坡凑近花前一看，见有几条黄色、黑

▲ 元赵孟頫《苏轼小像》

▲ 苏轼书法作品

色像芝麻大的小虫在花蕊里蠕动。又问小孩说这是什么虫？小孩说：黄狗虫，黑狗虫。苏东坡离开花丛，来到一棵榕树下，正碰到树上一阵清脆的鸟叫声，问旁人，这种鸟叫什么？旁人答道：这叫明月鸟。

此刻苏东坡才恍然大悟，知自己错改了王安石的诗。虽然这件事的真实性有待考证。从史实上看，王安石罚苏轼，错改两句诗似乎不是王安石讨厌苏轼的真正原因。其实质上的原因，当是政治上苏轼反对王安石变法。因此之故，苏轼方有如此刑名之狱。

苏轼在御史台内遭到严刑拷问，认为自己也活不了多久了。苏轼坐牢103天，几次濒临被砍头的境地。幸亏北宋时期在太祖赵匡胤年间即定下"不杀士大夫"的国策，苏轼才侥幸免于一死。

出狱以后，苏轼被降职为黄州（今湖北黄冈）团练副使。这个职位相当低微，并无实权，而此时苏轼也已变得心灰意冷。苏轼到任后，心情郁闷，曾多次到黄州城外的赤壁游览，写下了《前赤壁赋》《后赤壁赋》《念奴娇·赤壁怀古》等千古名作，以此来寄托他谪居时的思想感情。闲暇时间他便带领家人开垦城东的一块坡地，种田帮补生计。"东坡居士"的别号便是他在这时起的。

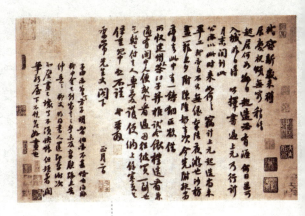

▲苏轼《新岁展庆贴》

◇文学艺术　无一不通◇

在才俊辈出的宋代，苏轼在诗、文、词、书、画等许多方面均取得了登峰造极的成就，是中国历史上少有的文学和艺术天才。

在文学方面，苏轼继承并发扬了欧阳修的文学观点，与欧阳修并称"欧苏"，苏轼是继欧阳修之后主持北宋文坛的领袖人物，在当时的作家中间享有巨大的声誉。北宋文学家黄庭坚、秦观、晁补之和张耒都曾得到他的培养，故称苏门四学士。但苏

题西林壁

苏轼
横看成岭侧成峰，
远近高低各不同。
不识庐山真面目，
只缘身在此山中。

▲ 泛舟游于赤壁之上

轼更强调文学的独创性、表现力和艺术价值。他的文学思想强调"有为而作"，崇尚自然，摆脱束缚。

在诗词方面，苏轼的诗现存约2 700余首，其诗内容广泛，风格多样，以豪放为主，具有浪漫主义色彩，为宋诗发展开辟了新的道路。苏轼的词独具特色，他摒弃了晚唐五代以来的传统词风，开创了与婉约派并立的豪放派，扩大了词的题材，丰富了词的意境，冲破了传统界限，对词的革新和发展做出了重大贡献。苏轼为人所知的名作有《念奴娇》《水调歌头》等，开豪放词派的先河，与辛弃疾并称"苏辛"。

在书法上，苏轼擅长行书、楷书，与黄庭坚、米芾、蔡襄并称"宋四家"。他曾遍学晋、唐、五代名家，而后自成一家。苏轼曾对自己的书法做出这样的评价："我书造意本无法"，又说"自出新意，不践古人"。黄庭坚则评价说："早年用笔精到，到黄州后掣笔极有力。"苏轼一生仕途不顺，屡遭贬谪，其书法风格丰腴跌宕，天真浩瀚，正所谓字如其人，观看苏轼的书法就能深切感受到苏轼的为人。

◇其人其名　美食传留◇

苏轼被贬黄州的时候，曾写下《猪肉颂》打油诗："黄州好猪肉，价钱等粪土。富者不肯吃，贫者不解煮。慢著火，少著水，火候足时它自美。每日起来打一碗，饱得自家君莫管。"这里的"慢著火，少著水，火候足时它自美"，就是著名的东坡肉烹调法。苏东坡后来任杭州太守，深受百姓爱戴。而这"东坡肉"也随之出名，名噪杭州，成了一道有名的地方名菜。

苏轼不仅是文学大家，在美食上也很有一手，除了广为人知的东坡肘子外，还擅长烧鱼。他烹制的鱼堪称一绝。一次，苏轼雅兴大发，亲自下厨做鱼。鱼刚刚烧好，这时他隔着窗户看见黄庭坚进来了，知道黄庭坚又是来蹭饭，于是慌忙把鱼藏到了碗橱顶部。黄庭坚进门就道："今天向子瞻兄请教，敢问苏轼的苏怎么写？"苏轼拉长着脸回应："苏者，上草下左鱼右禾。"黄庭坚又道："那这个鱼放到右边行吗？"苏轼道："也可。"黄庭坚接着道："那这个鱼放上面行吗？"苏轼道："哪有鱼放上面的道理？"黄庭坚指着碗橱顶部，笑道："既然子瞻兄也知晓这个道理，那为何还把鱼放在上面？"一向才思敏捷的苏轼，也无言以对了。

■历史评价 I

苏轼在文学艺术方面造诣颇高。其文汪洋恣肆，明白畅达，与欧阳修并称"欧苏"，为"唐宋八大家"之一；诗清新豪健，善用夸张比喻，在艺术表现方面独具风格，与黄庭坚并称"苏黄"；词开豪放一派，对后代很有影响，与辛弃疾并称"苏辛"；书法擅长行书、楷书，能自创新意，用笔丰腴跌宕，有天真烂漫之趣，与黄庭坚、米芾、蔡襄并称"宋四家"；画学文同，喜作枯木怪石，论画主张神似。

■大事坐标 I

1037 年	出生。
1056 年	首次出川赴京，参加朝廷的科举考试。
1079 年	因被诬作诗讽刺新法，被捕入狱，史称"乌台诗案"。
1091 年	被召回朝，但不久又因政见不合，外放颍州。
1097 年	又被贬至更远的海南，据说放逐海南是仅比满门抄斩罪轻一等的处罚。
1101 年	大赦，复任朝奉郎，北归途中卒于常州。

■关系图谱 I

通鉴传世

司马光

■名片春秋 ┃

司马光（1019～1086），初字公实，更字君实，号迂夫，晚号迂叟，陕州夏县（今山西夏县）涑水乡人，世称涑水先生。北宋政治家、史学家。历经仁宗、英宗、神宗、哲宗四朝，卒赠太师、温国公，谥文正。主持编纂中国历史上第一部编年体通史《资治通鉴》。

■风云往事 ┃

◇幼年好学 机智灵敏◇

司马光幼年时，非常好学。为了防止自己落后，别人已经会背诵了，去玩耍休息时，司马光却独自苦读，像董仲舒和孔子读书时那样专心和刻苦，一直到能够熟练地背诵为止。由于他更为刻苦，收获就更多，他所精读和背诵过的书能终身不忘。司马光曾经说："读书不能不背诵，在骑马走路的时候，在半夜睡不着觉的时候，慢慢回想自己之前读过的书，想想它的意思，收获也就多了！"

司马光不仅好学，而且也很机智。有一次，

《左传》是中国现存第一部叙事详细的编年体史书。（左丘明著）
《史记》是中国历史上第一部纪传体通史。（司马迁著）
《资治通鉴》是中国第一部编年体通史。（司马光著）

司马光跟小伙伴们在后院里玩耍。院子里有一口大水缸，有个小孩爬到缸沿上玩，一不小心，掉到缸里。缸大水深，眼看孩子就要被淹没，别的孩子们一见出了事，吓得边哭边喊，跑到外面向大人求救。司马光却急中生智，从地上捡起一块大石头，使劲向水缸砸去。"砰！"水缸破了，缸里的水流了出来，被淹在水里的小孩也得救了。这就是流传至今的"司

▲ 司马光砸缸

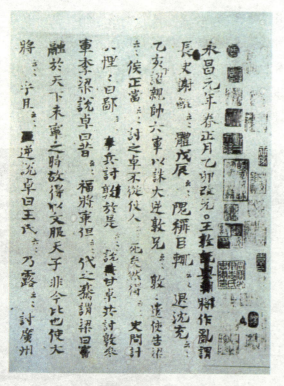

▲ 司马光主编《资治通鉴》时残存的墨迹

▲ 司马光画像

马光砸缸"的故事。这个偶然的事件使小司马光出了名，东京和洛阳有人把这件事画成图画，广泛流传。

◇资治通鉴　历史巨著◇

司马光在学术上最大的贡献莫过于主持编写《资治通鉴》。宋神宗熙宁年间，司马光强烈反对王安石变法，请求外任。1071年，他调至西京御史台，自此居洛阳15年，不问政事。这段悠游的岁月，司马光主持编撰了294卷近400万字的编年体史书《资治通鉴》。司马光的独乐园，既是他的寓所，也是《资治通鉴》书局所在地。独乐园环境幽美，格调简素，这也体现了司马光的情趣和追求。书局在汴京时已奉诏成立，除了司马光之外，当时的著名学者刘恕、刘攽和范祖禹都参与了书局的工作。司马光来洛阳后，便把《资治通鉴》书局由汴梁迁到洛阳。在独乐园中常住的不仅仅有书局的工作人员，当时洛阳的名贤如"二程"（程颢、程颐）、邵雍、文彦博、吕蒙正等也常来此聚会，此处堪称是一个学术中心。司马光为《资治通鉴》付出毕生精力，积劳成疾，成书不到两年，便离开人世。《资治通鉴》从发凡起例至删削定稿，司马光都亲自动笔，不借助他人之手。

《资治通鉴》是中国第一部编年体通史，全书共294卷，通贯古今。上起战国初期韩、赵、魏三家分晋（公元前403年），下讫五代（后梁、后唐、后晋、后汉、后周）末年赵匡胤（宋太祖）灭后周以前（959年），共1362年。作者把这时期的史实，依时代先后，以年月为经，以史实为纬，顺序记写，对于重大的历史事件的前因后果，与各方面的关联都交代得清清楚楚，使读者对史实的发展能够一目了然。宋元之际史学家胡三省说："为人君而不知《通鉴》，则欲治而不知自治之源，恶乱而不知防乱之术。为人臣而不知《通鉴》，则上无以事君，下无以治民……乃如用兵行师，创法立制，而不知迹古人之所以得，鉴古人之所以失，则求胜而败，图利而害，此必然者也。"清代大史学家王鸣盛说："此天地间必不可无之书，亦学者不可不读之书。"近代著名学者梁启超评价《通鉴》时说："司马温公《通鉴》，亦天地一大文也。其结构之宏伟，其取材之丰赡，使后世有欲著通史者，势不能不据以为蓝本，而至今卒未有能愈之者焉。温公亦伟人哉！"

▲《资治通鉴》封面

◇政治保守　反对变法◇

　　司马光在学术上成绩斐然，但在政治上是标准的守旧派人士，他跟主持变法的王安石发生了严重分歧，屡次上书抗议。他认为新建的国家使用轻典，混乱的国家使用重典，这是世轻世重，不是改变法律。所谓"治天下譬如居室，敝则修之，非大坏不更造也。"司马光与王安石，就竭诚为国来说，二人是一致的，但在具体措施上，各有偏向。王安石主要围绕着当时财政、军事上存在的问题，主张通过大刀阔斧的经济、军事改革措施来解决燃眉之急。司马光则认为在守成时期，应偏重于通过伦理纲常的整顿，把人们的思想束缚在原有制度之内，即使改革，也定要稳妥，不能操之过急，因为"大坏而更改，非得良匠美材不成，今二者皆无，臣恐风雨之不庇也"。司马光的主张偏于保守，实际上是一

《资治通鉴》

简称"通鉴"，是北宋司马光主编的多卷本编年体史书，共 294 卷，历时 19 年告成。它以时间为纲，事件为目，从周威烈王二十三年（公元前 403 年）写起，到五代的后周世宗显德六年（959 年）征淮南停笔，涵盖 16 朝 1362 年的历史。

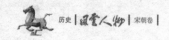

种在"守常"基础上的改革方略。王安石变法中出现的问题，如新法不能有效落实和用人不当等情况，从另一方面证明了司马光的政治远见。

司马光虽然反对王安石的新法，但是有一点必须要注意，司马光之所以与王安石政见不和仅仅是在政治观点上有分歧，他们在本质上都是为国为民的真君子——纯粹君子之争，都不是为了谋求个人利益，不然王安石在痛恨司马光之余也由衷地道出："司马君，实君子人也！"

■历史评价▏

司马光为人刚正不阿、温良谦恭，其人格堪称儒学教化下的典范，历来受人景仰。司马光任官近40年，官高权重，晚年竟然典地葬妻。在封建社会，大多数人寒窗苦读，跻身仕途，要么是为了光宗耀祖，要么是为了荣华富贵，泽被后世，荫及子孙。在这些人面前，司马光的清廉更显可贵。

司马光著述颇多。除了《资治通鉴》，还有《通鉴举要历》80卷《稽古录》20卷《本朝百官公卿表》6卷。此外，他在文学、经学、哲学乃至医学方面都进行过钻研和著述，主要代表作有《翰林诗草》《注古文学经》《易说》《注太玄经》《注扬子》《书仪》《游山行记》《续诗治》《医问》《涑水纪闻》《类篇》《司马文正公集》等。在历史上，司马光曾被奉为"儒家三圣"之一（其余两人是孔子和孟子）。

司马光语录

· 由俭入奢易，由奢入俭难。
· 与其得小人，不如交愚人。
· 读重要之书，不可不背诵。
· 小事不糊涂之谓能，大事不糊涂之谓才。
· 德才兼备为圣人，德才兼亡为愚人，德胜才为君子，才胜德为小人。

■大事坐标 |

1019 年　　　出生于河南光山。

1071 年　　　退居洛阳，以书局自随，编撰《资治通鉴》。

1084 年　　　《资治通鉴》成书。

1086 年　　　去世。

■关系图谱 |

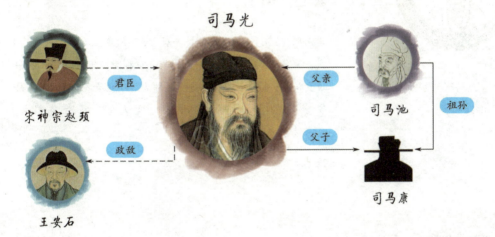

司马光

君臣

宋神宗赵顼

政敌

王安石

父亲

司马池

祖孙

父子

司马康

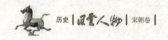

词坛正宗

李清照

■名片春秋 I

李清照（1084~1155），号易安居士，齐州章丘（今山东章丘）人。宋代女词人，婉约词派代表，被称为"宋代最伟大的一位女词人，也是中国文学史上最伟大的一位女词人"。有《易安居士文集》《易安词》，已散失。后人有《漱玉词》辑本。今有《李清照集校注》。

▲ 李清照画像

■风云往事 I

◇出身世家　一生两期◇

李清照家世良好，出身于爱好文学艺术的士大夫家庭。父亲李格非是济南历下人，进士出身，师从苏轼，官至提点刑狱、礼部员外郎。母亲是状元王拱宸的孙女，很有文学修养。

李清照结婚后生活富足，与丈夫赵明诚共同致力于书画金石的搜集整理。金兵入据中原时，李清照流落南方，境遇孤苦。所作词，前期多写悠闲生活，后期多悲叹身世，情调感伤，也流露出对中原的怀念。在形式上善用白描手法，自辟途径，语言清丽。论词强调协律，崇尚典雅，提出词"别是一家"之说,反对以作诗文之法作词。李清照的诗,留存不多,部分篇章感时咏史,情辞慷慨,与其词风不同。

◇人生前期　一帆风顺◇

李清照幼年,大部分时间是在家乡历城度过的,这里风景如画,人才济济。大约在她五六岁时,因父亲李格非做了京官,她便随父母迁居东京汴梁(今河南开封)。她是在东京长大的。那时候,北宋统治阶级享乐成风,东京表面上仍极繁荣。李清照作为一个士大夫阶层的大家闺秀,由于封建礼教的禁锢,不可能像男子一样走出家门,接触整个社会。但她不像乡村地主家里的女子那样闭塞。她不仅可以划着小船,嬉戏于藕花深处,而且可以跟着家人到东京街头,观赏奇巧的花灯和繁华的街景。这一切,陶冶了她的性情,丰富了她的精神生活。李清照爱好自然的性格和描摹自然的能力,说明了她曾经受过故乡山东的涵育。而她在爱情描写上的"毫无顾忌",显示了都市社会风气和文学气氛对她的熏染,这也与他的家庭有密切关系。

18岁时,李清照与太学生赵明诚结婚。婚后二人情投意合,如胶似漆,"夫妇擅朋友之胜"。婚后他们一同研究金石书画,生活美好而幸福。她同赵明诚互相砥砺,进行词的创作,技法日臻成熟。一年重阳节,李清照作了那首著名的《醉花阴》,寄给在外当官的丈夫:"薄雾浓云愁永昼,瑞脑销金兽。佳节又重阳,玉枕纱橱,半夜凉初透。东篱把酒黄昏后,有暗香盈袖。莫道不销魂,

如梦令

李清照

常记溪亭日暮,沉醉不知归路。兴尽晚回舟,误入藕花深处。争渡,争渡,惊起一滩鸥鹭。

▲ 李清照与赵明诚

帘卷西风，人比黄花瘦。"秋闺的寂寞与闺人的惆怅跃然纸上。据记载，赵明诚接到后，叹赏不已，又不甘下风，就闭门谢客，废寝忘食，三日三夜，写出 50 首阕词。他把李清照的这首词也悄悄放入其中，请友人陆德夫品评。陆德夫把玩再三，说："只三句绝佳。"赵明诚问是哪三句，陆德夫答："莫道不销魂，帘卷西风，人比黄花瘦。"

◇人生后期　生活波折◇

1127 年，金兵攻陷汴京，徽宗、钦宗父子被俘，高宗南逃。李清照夫妇也随难民流落江南，漂泊异地。多年搜集来的金石字画丧失殆尽，给李清照带来沉痛的打击和极大的痛苦。后来金人铁蹄南下，南宋王朝更加腐败。

同年，赵明诚被任命为建康知府。在一次城中叛乱中，赵明诚缒城逃跑，这令李清照非常失望，并于第二年逃亡江西途中，行至乌江时写下有名的《夏日绝句》："生当作人杰，死亦为鬼雄。至今思项羽，不肯过江东。"赞项羽讽明诚，赵明诚自感羞愧，心情郁郁，后死于上任湖州知事途中。在李清照孤寂之时，张汝舟为骗取李清照钱财，对李清照百般示好。李清照当时无依无靠，便顺世俗之风改嫁张汝舟。婚后，二人发现自己都受到了欺骗。张汝舟发现李清照并没有自己预想中的家财万贯，而李清照也发现了张汝舟的虚情假意。之后，李清照发现张汝舟的官职来源于行贿，便状告张汝舟。在当时的社会环境下，妻子告发丈夫，即使印证丈夫有罪，妻子也要一同陪着坐牢。李清照入狱后，由于家人收买了狱卒，入狱九日即被释放，这段不到百天的婚姻就此结束。

目睹了国破家亡的李清照"虽处忧患穷困而志不屈"，在"寻寻觅觅、冷冷清清"的晚年，她殚精竭虑，编撰《金石录》，完成当初与丈夫共同的

《金石录》

宋代赵明诚撰。赵明诚，山东诸城人，对考古、金石、书画研究甚深。《金石录》一书，著录其所见从上古三代至隋唐五代以来，钟鼎彝器的铭文款识和碑铭墓志等石刻文字，是中国最早的金石目录和研究专著之一。

心愿。金兵的横行肆虐激起她强烈的爱国情感，她积极主张北伐收复中原，可是南宋王朝的腐朽无能和偏安一隅，使李清照的希望成为幻影。

多年的背井离乡，一直安定不下来，又因她的改嫁问题遭到士大夫阶层的污诟渲染，她的心已千疮百孔。她无依无靠，呼告无门，贫困忧苦，流徙漂泊，最后寂寞地死在江南。

◇酷爱诗书　买书典故◇

有一年清明前，李清照的姨母送给她一件漂亮衣服，让她在清明时节踏青时穿。一个人冬天在家闷得太久，望见外面一片生机，春意盎然，心情也变得活泼起来。自然景色固然是好，可是李清照却仿佛受到了某种指引，竟不由自主地来到书市。

她以赏玩的心情慢慢游逛，就这样走到了一个不被人注意的小角落。那里有一位须发皆白的卖书老者，老者看起来风度翩翩，并不像普通的商贩。他一不唱，二不吆喝，好像并不希望自己的书卖出去似的。李清照便走了过去，想和老者说几句话。可是她突然被地上的书吸引住了，书皮上以篆字写着《古金石考》。这就是她梦寐以求的古书，这部书流落民间几乎失传。现在的李清照眼里只有这本《古金石考》，拿起一本便翻看起来。

就这样，李清照忘我地读着《古金石考》，越看越着迷。不知过了多久，她突然猛醒这是人家要卖的书。她抬起头不好意思地对老者笑了笑。老者带着慈祥的笑容对她说："没关系！"李清照手里紧握着书，急切地问："老伯，您这套书可是要卖的？"老者点点头："是啊，这是家传的一部古书，按理讲是绝不能卖的。祖上虽然是诗书世家，到了我这一代，竟然只能做个教书先生。也是时运不济，家遭变故，只好忍痛将这部书拿来典当啊！"老人

▲ 山东章丘百脉泉公园内李清照铜像

一剪梅

李清照

红藕香残玉簟秋，轻解罗裳，独上兰舟。
云中谁寄锦书来？雁字回时，月满西楼。
花自飘零水自流，一种相思，两处闲愁。
此情无计可消除，才下眉头，却上心头。

▲ 李清照画像

婉约派

宋词流派。婉约，即婉转含蓄。其特点主要是内容侧重儿女风情，结构深细缜密，音律婉转和谐，语言圆润清丽，有一种柔婉之美。婉约派的代表人物有李煜、柳永、晏殊、欧阳修、秦观、周邦彦、李清照。

说着，显出一种舍不得的神情，他顿了一下接着说："可是，我还是不忍心就这么把它送到当铺，交给那些不知道珍惜的人去糟蹋，所以就在这里等着，只想等个懂得它的人来！"李清照微笑着问老人："老伯，您需要多少钱来应急？"老者说："唉，应急至少也得 30 两吧。只要能好好地保存它，不足也没关系。"

没等老者把话说完，李清照便把自己随身带的钱全部倒出来，可能只有区区 10 两左右。李清照显得有些着急，对老者说："老伯，我今天出门仓促，没有带那么多现钱，你明日可否还在这里？我一定带多于 30 两来拿书，好吗？"老者很是为难地说："姑娘，不是我不答应你，我已经在这里等了三天才等到你这个有缘人，可是我的盘缠早就用得差不多了，没钱继续在这多留一日了。更何况我和家人已经说好，今天日落，无论这书卖不卖得出去，都要和他们一起出城回家的。"

李清照一听，天色已晚。她一时急得满头大汗，不知所措。看着李清照着急的模样，老者只好安慰李清照说："姑娘，你也不用太过着急，唉，就当是你和它没缘吧！也许有一天，你还能再碰上它呢。"听着老人的话，李清照心里很不是滋味，不但帮不了老者，还失去了保存古书的机会。她不自觉地握了一下衣角。这一握让李清照有了办法，她立即对老人说："老伯，您只要再等我一会儿，只一会儿就好！"然后转身就跑。

约半个时辰后，李清照只穿一件内衬的单衣，跑了回来，手里拿着银两。原来，她把姨妈送的新衣给典当了。然后，李清照抱起那套珍贵的《古金石考》，穿着单衣在乍暖还寒的春天里回家去了。

■历史评价 ｜

"大河百代，众浪齐奔，淘尽万古英雄汉；词苑千载，群芳竞秀，盛开一只女儿花。"说的就是李清照。后人认为她的词"不徒俯视巾帼，直欲压倒须眉"，她被称为"宋代最伟大的一位女词人，也是中国文学史上最伟大的一位女词人"。愁字贯穿了李清照作品的始终，从开始的情愁，到家破人亡的家愁，再到江山沦陷的国愁。这纷繁的愁绪令她一步步地迈上了文学的圣殿。真可谓万古"愁心"！清照文辞绝妙，鬼斧神工，前无古人，后无来者，被尊为"婉约宗主"，是中华精神文明史上的一座丰碑。

作为中国古代文学史上少有的女作家，李清照在其作品中对于爱国思想的表达独具一格。其爱国思想，代表了中国古代广大妇女追求男女平等、关心国事、热爱祖国的一个侧面，让后人从中看到了中国古代女性情感世界的另一面。而且，她还在众多爱国作家中为女性争得了一席之地。不仅如此，李清照还开创了女作家爱国主义创作的先河，为后世留下了女性爱国的光辉典范，特别是对现代女性文学创作产生了重大影响。

■大事坐标 ｜

1084 年	出生。
1101 年	与赵明诚结婚。
1127 年	金兵攻陷了汴京，夫妇二人也随难民流落江南。
1155 年	去世。

■关系图谱 ｜

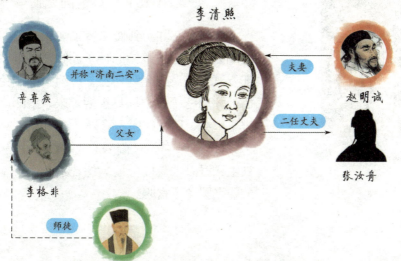

爱国诗人

陆 游

■名片春秋 |

陆游（1125~1210），字务观，号放翁。越州山阴（今浙江绍兴）人。南宋诗人。被后人称为"南宋诗人之冠"。陆游是现留诗作最多的诗人。词作量不如诗篇多，但和诗同样贯穿了气吞山河的爱国主义精神。杨慎谓其词"纤丽处似秦观，雄慨处似苏轼"。著有《剑南诗稿》《渭南文集》《南唐书》《老学庵笔记》等。

■风云往事 |

◇不凡一生　爱国无畏◇

1153 年，陆游到临安参加科举考试，名列第一，但却因成绩超过秦桧的孙子而触怒了秦桧。次年礼部复试，陆游虽名列榜首，终为秦桧黜免，秦桧死后他才出任福州宁德县主簿。宋孝宗即位后，赐其进士出身，历任建康、隆兴、夔州通判。

1164 年，陆游任隆兴府（今江西南昌）通判时，被主和派以"交接台鉴，鼓唱是非，力说张俊用兵"的罪名罢免了官职。

▲ 陆游自书诗卷

1172 年，陆游抵达南郑，进入加四川宣抚使王炎的幕府。期间 8 个多月的从军生涯成为陆游重要的人生经历，他为此写下了许多"寄意恢复"的爱国诗篇，结集为《剑南诗稿》。

1179 年，陆游任江南西路常平茶盐公事。不久抚州水灾，为了百姓，陆游主动开仓放粮，但也因此被免去职务。宋光宗时任朝议大夫、礼部郎中，后再被弹劾去职，归老故乡。闲居山阴时，陆游写下一些充满优美田园风光的乡土诗，表现出陆游对农村生活的热爱，但陆游仍忧国忧民，想要为国效力。80 岁高龄时，陆游写诗为进京的辛弃疾送行，"深仇积愤在逆胡，不用追思霸亭夜"（《送辛幼安殿撰造朝》），希望辛弃疾以国事为重。在仕宦生涯中，陆游多次受到政敌的攻击，被罢官免职，即使曾担任过的职务，也没什么实权，但他始终坚持抗金北伐的爱国主张。

1210 年，陆游临终前吟出一首绝笔诗《示儿》，怀着不能亲眼看到国家收复的深深遗憾，满腔忧恨地离开了人世。

◇ 一生挚爱　有缘无分 ◇

陆游和表妹唐琬两人从小青梅竹马。1144 年，二人结婚后相敬如宾。然而，唐琬的才华横溢却引起了陆母的不满，结婚一年后，陆母强迫他们分离。陆游和唐琬的感情很深，但在封建礼教的压制下，虽有万般不舍，仍终归走到了"执手相看泪眼"的地步。

后来，陆游遵从母亲的意愿，另娶王氏为妻，唐琬也迫于父命嫁给同郡的赵士程。这一对年轻人的美满婚姻就这样被拆散了。十年后的一个春天，陆游满怀忧郁的心情独自一人漫游山阴城沈家花园。正当他独坐独饮、借酒浇愁之时，突然意外地看见了唐琬及其改嫁后的丈夫赵士程。故人重逢，又无法当面相诉离情，随后，唐琬派人送来一些酒菜，默默以示关怀，就与丈夫离去。

▲ 陆游和唐琬

尽管这时他已与唐琬分离多年，但是内心里对唐琬的感情并没有完全放下。他看见过去唐琬是自己的爱妻，而今已属他人，好像禁宫中的杨柳，可望而不可即。想到这里，悲痛之情顿时涌上心头，他

▲ 浙江绍兴沈园内的《钗头凤》

放下酒杯，打算离开，看到唐琬送来的酒菜，体会到了她的深情，泪水不由夺眶而出，一扬头喝下了唐琬送来的这杯苦酒。然后在园子的壁上奋笔题下《钗头凤》这首千古绝唱：

红酥手，黄縢酒，满城春色宫墙柳。东风恶，欢情薄，一怀愁绪，几年离索，错！错！错！

春如旧，人空瘦，泪痕红浥鲛绡透。桃花落，闲池阁，山盟虽在，锦书难托，莫！莫！莫！

陆游在这首词里抒发的是爱情遭受摧残后的伤感、内疚和对唐琬的深情爱慕，以及对他母亲棒打鸳鸯的不满情绪。1162年唐琬再次来到沈园瞥见陆游的题词，不由感慨万千，于是和了一阕《钗头凤·世情薄》：

世情薄，人情恶，雨送黄昏花易落。晓风干，泪痕残。欲笺心事，独语斜阑。难！难！难！

人成各，今非昨，病魂常似秋千索。角声寒，夜阑珊。怕人寻问，咽泪装欢。瞒！瞒！瞒！

唐琬不久后就郁闷愁怨而死。此后，陆游北上抗金，又转川蜀任职，几十年的风雨生涯，依然无法排遣他心中对唐琬的眷恋。

陆游75岁时，住在沈园的附近，这时唐琬逝去40年，"每入城，必登寺眺望，不能胜情"，重游故园，挥笔和泪作《沈园》诗：

其一，城上斜阳画角哀，沈园非复旧池台。伤心桥下春波绿，曾是惊鸿照影来。

其二，梦断香消四十年，沈园柳老不飞绵。此身行作稽山土，犹吊遗踪一泫然！

烟雨沈园中，朦朦胧胧间，一个白发苍苍的老诗人正缓步踱过伤心桥，踯躅在满地落叶中。已无蝉声，也无画角，只有一个默然凝望断墙柳絮的老人。

陆游在67岁时，重游沈园，看到当年题《钗头凤》的半面破壁，触景生情，感慨万千，又写诗感怀："枫叶初丹槲叶黄，河阳愁鬓怯新霜。林亭感旧空回首，泉路凭谁说断肠。坏壁醉题尘漠漠，断云幽梦事茫茫。年来妄念消除尽，回向蒲龛一炷香。"

◇陆游诗作　共分三期◇

现存陆游的诗约有 9 300 余首。其创作大致可以分为三个时期：

第一期是从少年到中年（46 岁），入蜀以前。这一时期存诗仅 200 首左右，作品注重形式而生活气息不足，因未得到生活的充实。

第二期是入蜀以后，到他 64 岁罢官东归，前后近 20 年，存诗 2 400 余首。这一时期是他充满战斗气息及爱国激情的时期，也是其诗歌创作的成熟期。

第三期是长期蛰居故乡山阴一直到逝世，亦有 20 年，现存诗约 6 500 首。诗中表现了一种清旷淡远的田园风味，并不时流露着苍凉的人生感慨。"诗到无人爱处工"，道出了他此时的心情和所向往的精神境界。另外，在这一时期的诗中，也表现出趋向质朴而沉实的创作风格。

在陆游三个时期的诗中，始终贯穿着炽热的爱国主义精神。表现最为明显的是第二个时期，这不仅在同时代的诗人中显得很突出，在中国文学史上也是罕见的。

▲ 浙江绍兴沈园

■历史评价

陆游是一位伟大的爱国诗人，一生坚持抗金，虽多次遭受投降派的打击，但爱国之志始终不渝，死时还念念不忘国家的统一。他少年时即受家庭中爱国思想熏陶，高宗时应礼部试，为秦桧所黜。孝宗时赐进士出身。中年入蜀，投身军旅生活，官至宝章阁待制。晚年退居家乡，但收复中原信念始终不渝。他所创作的诗歌很多，今存 9 000 多首，内容极为丰富。有抒发政治抱负，反映人民疾苦，风格雄浑豪放之作；也

示儿

陆游
死去元知万事空，
但悲不见九州同。
王师北定中原日，
家祭无忘告乃翁。

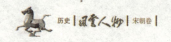
有抒写日常生活，有清新之作。

他的诗题材广泛，内容丰富，其中最能反映时代特征的是其抗金作品。陆游的诗风格豪放，气魄雄浑，近似李白，故有"小太白"之称。其词作量不如诗篇巨大，但和诗同样贯穿了气吞山河的爱国主义精神。

■ 大事坐标 |

1125 年	出生。
1126 年	靖康之难爆发，父亲陆宰被罢去京西转运副使职务，全家开始逃亡。
1144 年	娶了表妹唐琬，同年于沈园中作《卜算子·咏梅》。
1145 年	唐琬被逐出家门，原因依古人的说法是"不当母夫人意"。
1172 年	入四川宣抚使王炎幕府，投身军旅生活。
1189 年	罢官，即回老家山阴闲居。
1210 年	在山阴的病榻上与世长辞，死前写下《示儿》。

■ 关系图谱 |

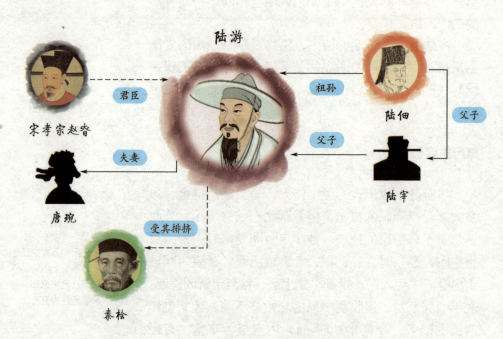

豪放词人

辛弃疾

■名片春秋 |

辛弃疾（1140～1207），字幼安，号稼轩，历城（今山东济南历城区）人。中国南宋豪放派词人，人称"词中之龙"，与苏轼合称"苏辛"，与李清照并称"济南二安"。作品集有《稼轩长短句》，今有《辛稼轩诗文钞存》存世。

■风云往事 |

◇纵观一生　四段经历◇

　　辛弃疾的一生大致可分为四个阶段。

　　青少年时期：约为 22 岁南渡以前。这是辛弃疾一生最为意气风发的时期。1161 年，金主完颜亮大举南侵，22 岁的辛弃疾聚众 2 000 人树起抗金旗帜。不久，他率部投靠耿京起义军，并力劝耿京归宋，以图大业。1162 年，辛弃疾奉命南渡，联系起义军的归宋问题。不料叛徒张安国杀了耿京，率部投金。听说这个消息后。辛弃疾率领 50 余名骑兵，奇袭金营，生擒叛徒张安国。此举"壮声英概，懦士为之兴起，圣天子一见三叹息"。从此辛弃疾投奔南宋，任江阴签判。

▲ 辛弃疾画像

135

▲ 陆游和辛弃疾画像

青壮年时期：1162～1181年，约23～42岁，这是辛弃疾一生中的游宦时期。这一时期的辛弃疾，雄心勃勃，壮志凌云。他先后向皇帝进行了一系列上书，力陈抗金抚国方略。但他的意见并未被当权者采纳。在此期间，他由签判到知州，由提点刑狱到安抚使，虽然宦迹无常，但政绩卓著。他出任滁州知州仅半年，当地"荒陋之气"一洗而空。他在湖南帅任，创置"飞虎军"，"军成，雄镇一方，为江上诸军之冠"。可见，他是一个有清醒政治头脑、忧国忧民的好官。

中晚年时期：1182～1202年，约43～63岁。这期间除了53～55岁一度任职闽中外，辛弃疾两次遭弹劾，有18年是被迫归隐的时期，在江西家中度过。在长期隐居生活中，他寄情田园，留恋山水，追慕陶渊明，写了大量田园词、山水词，这些词有浓郁的乡土气息。在这些诗词中他也强烈表达了自己的爱国激情。

晚年时期：1203～1207年，约64～68岁。辛弃疾64岁高龄时，仍不以久闲为念，不以家事为怀，奉令出任。但事未成就又遭罢免。

辛弃疾自罢居铅山后，虽屡见封召，乃至授以兵部侍郎、枢密院都城等要职。但总以年老多病，力辞未就，卒年68岁。

◇有勇有谋　活捉叛徒◇

绍兴末年，淮河以北的人民在金国的统治下，生活非常痛苦，他们长期受金兵侵略。山东有个农民叫耿京，他带领了一支起义军，经常打击金兵。辛弃疾也是山东人，他非常敬佩耿京，就组织了2 000多人，加入了耿京的队伍。起义军在耿京和辛弃疾的领导下，常常打胜仗，参加的人也越来越多，不久有了二十几万人。耿京就派辛弃疾到南方去和南宋联系，以便联合起来把金兵赶走。谁知道起义军里面出了一个叛徒，叫张安国。他乘辛弃疾不在的时候，暗杀了耿京。起义军失去领袖，就这样散掉了。辛弃疾从南方回来，叛徒张安国已经逃到金国的兵营里去了。辛弃疾心里十分气愤。

他对同伴说："我们一定要活捉张安国，为耿京报仇！"同伴中有人说："张安国躲在敌人的兵营里，那里驻扎了5万金兵。咱们区区几十个人，怎么去捉他呢？"辛弃疾叫道："就是50万，我们也要闯进金营，杀了这个叛徒，为耿京报仇，为老百姓报仇！"

当天晚上，辛弃疾挑选了50名勇士，向金营直奔而去。快到金营的时候，天已经黑了，把马拴在树上，然后趁黑悄悄地摸进了金营。金营里灯火辉煌，张安国正在跟两个金将喝酒猜拳。他们哪里想到辛弃疾竟有如此胆量，私闯金营。看到辛弃疾和勇士们拿着刀剑冲进来，吓得魂都没了。张安国赶紧钻到桌子底下，两个金将急忙举起椅子来抵挡。勇士们一拥而上，把两个金将连人带椅子砍翻了。辛弃疾一个箭步上前，把张安国从桌子底下揪了出来。张安国抱着脑袋，直喊饶命。辛弃疾用剑指着张安国骂道："你这个叛徒！耿京对你哪点不好？"张安国吓得浑身打战，说："我……我错了！"辛弃

▲ 辛弃疾书法作品

破阵子·为陈同甫赋壮语以寄之

辛弃疾

醉里挑灯看剑，梦回吹角连营。八百里分麾下灸，五十弦翻塞外声。沙场秋点兵。

马作的卢飞快，弓如霹雳弦惊。了却君王天下事，赢得生前身后名。可怜白发生！

▲ 辛弃疾《村居》插图

青玉案·元夕

辛弃疾

东风夜放花千树，更吹落、星如雨。
宝马雕车香满路。凤箫声动，玉壶
光转，一夜鱼龙舞。

蛾儿雪柳黄金缕。笑语盈盈暗香去。
众里寻他千百度，暮然回首，那人
却在，灯火阑珊处。

疾冷笑一声说："错了？来，绑起来，带回去办罪！"

大家一拥而上，把张安国绑起来，拉出了营帐。营帐外面站了许多金兵，看辛弃疾他们威风凛凛，谁也不敢上前。辛弃疾把叛徒绑在马后，不慌不忙地跨上了马，喝道："谁敢上来，就别想活了！告诉你们，我们的 10 万大军就要开到。想活命的就早点投降！"说完就带着勇士们冲了出去。等金国将领派兵来追的时候，他们早就消失得无影无踪。叛徒张安国终于得到了他应得的下场：被砍掉了脑袋。这一年辛弃疾只有 23 岁。

◇酒逢知己　以酒会友◇

刘过是南宋有名的词人、诗人。他也一心抗金，常写一些抗金的诗词。当时，辛弃疾任浙东安抚使，而刘过则是一个怀才不遇、流落江湖的落魄文人。刘过对辛弃疾十分崇敬，一直想要结识辛弃疾。

有一天，他来到辛府，因穿着褴褛，被门吏拒之于外。他故意大声喧嚷，惊动了正在酣饮的辛弃疾。辛弃疾忙出来迎接，见刘过虽然衣衫破旧，却英气勃勃，于是请他入席饮宴，刘过也不卑不亢地坐着喝酒。酒过三巡，旁边有位宾客对刘过说："听说先生不仅善于辞赋，而且还能作诗，是吗？"刘过很有分寸地说："诗词之道，略知一二。"当时席上正好有一大碗羊腰肾羹，辛弃疾就让他以此为题，赋诗一首。刘过豪爽地说："天气这么冷，请先给我一碗酒暖和暖和再作诗。"辛即命人为他满满地斟了一碗酒。由于刘过双手已经冻僵，接碗在手，颤抖不止，把碗中的酒流到了胸前的衣襟上，辛弃疾就请他以"流"字为韵。刘过沉吟片刻，马上吟出了一首既切题又符合当时情景的绝句：拔毫已付管城子，烂首曾封关内侯。死后不知身外物，也随樽酒伴风流。拔毫指拔羊毛，管城子指毛笔。煮羊，必先拔羊毛，用羊毛制成毛笔，可供文人使用。烂首指煮烂羊头，因东汉时流传的一首歌谣：烂羊头，关内侯。讽刺小人封侯，专权误国。羊死后，当然不知身外物，但可作为佳肴，和樽酒一起陪伴风流人物。当然风流人物指的就是辛弃疾等人。

辛弃疾听后，赞不绝口，觉得刘过确是个"奇男子"，马上举杯与他共饮。宴会结束后，辛弃疾还给他许多礼物，从此以后，两人成了莫逆之交。

辛弃疾还有一个知己是陈亮。在抗金问题上，由于主和派的不断打击，辛弃疾抑郁不得志，在 42 岁时就闲居到江西上饶。他在城外买了一块土地，兴建一座庄园叫"带湖新居"。又在铅山县东北建了一所别墅，还把附近的一条清泉取名为"瓢泉"。

陈亮也是一位爱国词人。淳熙十五年（1188）冬天，陈亮从他的故乡浙江永康来江西拜访辛弃疾。这时，辛弃疾在小病中，见到陈亮，十分高兴。他们或在瓢泉共饮，或前往鹅湖寺游览。他们一边喝酒，一边纵谈国家大事，时而欢笑，时而忧愤。陈亮在铅山住了十日才告别回去。辛弃疾连送了好几程。

第二天早晨，辛弃疾又骑马追去，想挽留陈亮多住几日。当他追到鹭鸶林时，因深雪泥滑，不能前去，只得停了下来。那天，他在方村怅然独饮。夜半投宿于泉湖四望楼，听到邻人吹笛声，凄然感伤，就写了一首《贺新郎·把酒长亭说》词。词中表达自己与陈亮欢饮纵谈的喜悦，对陈亮的敬爱，以及对当权者偷安误国的悲伤。后来他把这首词寄给了陈亮，陈亮也写了一首和词《贺新郎·老去凭谁说》回寄给辛弃疾。

▲ 江西赣州郁孤台前辛弃疾雕像

豪放派

宋词风格流派之一。北宋诗文革新派作家如欧阳修、王安石、苏轼、苏辙都曾用"豪放"一词衡文评诗。第一个用"豪放"评词的是苏轼。南宋人已明确地把苏轼、辛弃疾作为豪放派的代表。

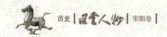
■历史评价 I

　　辛弃疾在文学史上对于诗词的贡献，就在于内容的扩大，题材的拓宽。他现存的 600 多首词作，写政治，写哲理，写朋友之情、恋人之情，写田园风光、民俗人情，写日常生活、读书感受，可以说，凡当时能写入其他任何文学样式的东西，他都写入词中，范围比"苏词"还要广泛。而随着内容、题材的变化和感情基调的变化，辛词的艺术风格也有各种变化。

　　虽说辛弃疾的词主要以雄伟奔放、富有力度为长，但写起传统的婉媚风格的词，也能得心应手。如著名的《摸鱼儿·更能消几番风雨》，上阕写惜春，下阕写宫怨。借一个女子的口吻，把一种落寞怅惘的心情一层层地写得十分曲折委婉、回肠荡气。他的许多描述乡村风光和农人生活的作品又是那样朴素清丽、生机盎然。如《鹧鸪天》的

▲ 江西铅山永平镇辛弃疾墓地

下阕："山远近，路横斜，青旗沽酒有人家。城中桃李愁风雨，春在溪头荠菜花。"以及《西江月》的下阕："七八个星天外，两三点雨山前。旧时茅店社林边，路转溪桥忽见。"于简朴中见成熟稳重，一般人很难达到这种境界。

"辛词"以其内容上的爱国思想，艺术上的创新精神，在文学史上产生了很大影响。与辛弃疾以词唱和的陈亮、刘过、刘克庄、刘辰翁等，都与他的创作倾向相近，形成了南宋中叶以后声势浩大的爱国词派。后世每当国家、民族危急之时，不少作家都从"辛词"中汲取精神上的鼓舞力量。

■大事坐标 |

1140 年	出生。
1154 年	第一次赶考落榜赴燕山。
1168 年	与史正志、叶衡、赵彦端等交游。始作长短句。
1171 年	任司农主簿，作《九议》上虞允文。
1181 年	任江西安抚使。后罢职，筑带湖新居，名"稼轩"，以此为号。
1188 年	友人陈亮过访瓢泉，流连十日乃别。作《贺新郎》。
1207 年	病归瓢泉。

■关系图谱 |

书画大师

米芾

■名片春秋 I

米芾（fú）（1051～1107），字元章，祖籍太原，后迁居襄阳，时人号襄阳漫士、海岳外史，自号鹿门居士。因对石头有特殊的爱好，世号"米颠"。北宋书法家、画家、书画理论家，书画自成一家，与苏轼、黄庭坚和蔡襄合称"宋四家"。曾任校书郎、书画博士、礼部员外郎。

■风云往事 I

◇少小聪慧　个性怪异◇

　　相传米芾小时聪颖，对艺术和文字有浓厚的兴趣，记忆力惊人。6岁时每天学习100首诗词，就能过目不忘。米芾的母亲曾经为宋神宗的乳母（亦是接生他的稳婆），宋神宗念在此情，便提携米芾当广东浛光县尉。自后米芾也担任过秘书省校书郎、内府书画学博士、礼部员外郎和淮阳权知军州事（淮阳知军）。米芾的每一个官职都做不久，只因他为人太较真，会公然批评官场的一些败坏作风。据说

▲ 米芾《珊瑚帖》

米芾非常贤能，但因生性放荡不羁，不循规蹈矩，所以为世俗所不容，仕途坎坷。

米芾行为和衣着奇特，经常吸引途人围观。他喜欢整洁，工作的地方也要放置清水以便经常洗脸，从不在别人曾使用的浴盆洗澡或穿别人穿过的衣服。

米芾热衷收集古旧的书法作品和画作，即使变卖家产，他也要继续收集。文献记载，有一次米芾跟随朋友乘船游玩，其间因展示了王献之的书法作品，他兴奋得威胁物主若不赠送作品便跳海，物主只好答应。周辉《清波杂志·卷五》载，米芾常跟别人借来古画欣赏并临摹，他会把临摹的画和真迹一起送还给主人，让主人自行辨识，主人往往取回临摹之画，他因此骗取到许多古书画真迹。米芾的收藏逐渐成为宝库，当时许多著名学者经常探访他的陋居。他把有些得来的书法作品又赠送别人，不断交换更好的作品。

米芾十分注重保护、清洁和展示收藏品。他有两个收藏品系列，一个系列是供普通客人阅览，另一系列秘密收藏或只供少数朋友欣赏。

▲ 米芾画像

◇艺术奇才　成就斐然◇

米芾不善官场逢迎，一心注重真才实学，这使他赢得了很多的时间和精力来玩石赏砚钻研书画艺术。另一方面，对书画艺术的追求到了如痴如醉的境地，他在别人眼里与众不同、不入凡俗，这也许正是他成功的基石。他曾自作诗一首："柴几延毛子，明窗馆墨卿，功名皆一戏，未觉负平生。"他就是这样一个把书画艺术看得高于一切的恃才傲物之人。

米芾生平最擅长的就是书法，成就也以行书为最大。米芾在"北宋四大家"中，位列苏东坡和黄庭坚之后，蔡襄之前。然而如果不论苏东坡一代文

望海楼

米芾
云间铁瓮近青天，缥缈飞楼百尺连。
三峡江声流笔底，六朝帆影落樽前。
几番画角催红日，无事沧洲起白烟。
忽忆赏心何处是？春风秋月两茫然。

▲ 米芾《研山铭》拓片

宗的地位和黄庭坚作为江西诗派领袖的影响，仅就书法一门艺术而言，米芾传统功力最为深厚，尤其是行书，实出二者之右。虽然米芾画迹不传于世，但书法作品却有较多留存。南宋以来的著名汇帖中，多数刻其书法，流播广泛，影响深远。康有为曾说："唐言结构，宋尚意趣。"意为宋代书法家讲求意趣和个性，而米芾在这方面尤其突出，是"北宋四大家"的杰出代表。

米芾学习别人的书法，自称"集古字"，虽有人拿这个笑话他，也有赞美说"天姿辕轹未须夸，集古终能自立家"（王文治）。这从一定程度上说明了米氏书法成功的缘由。根据米芾自述，在师从苏东坡学习晋书以前，他受五位唐人的影响最深：颜真卿、欧阳询、褚遂良、沈传师、段季展。

在绘画方面，米芾擅水墨山水，人称"米氏云山"，米芾利用水墨画点染的方法描绘雾景，被称为"米派"，在画坛享誉盛名。他的题款笔势有李白的风格，而字体则模仿王羲之。然而，在宋朝这种不受约束的做法并不受欢迎。

◇酷爱砚台　如痴如癫◇

米芾十分喜欢收藏砚台，为了一台砚，即使在皇帝面前也不顾大雅。一次宋徽宗让米芾以两韵诗草书御屏，实际上也想见识一下米芾的书法，因为宋徽宗也是一个大书法家，他创造的"瘦金体"也很有名气。米芾笔走龙蛇，从上而下其直如线，宋徽宗看后觉得果然名不虚传，大加赞赏。米芾看到皇上高兴，随即将皇上心爱的砚台装入怀中，墨汁四处飞溅，并告诉皇帝："此砚臣已用过，皇上不能再用，请您将它赐予我吧！"皇帝看他如此喜爱此砚，又爱惜其书法，不觉大笑，将砚赐之。米芾爱砚之深，将砚比作自己的头，抱着所爱之砚曾共眠数日。他爱砚不仅仅是为了赏砚，而是不断地加以研究，他对各种砚台的产地、色泽、细润、工艺都做了论述，并著有《砚史》一书，为后人留下了宝贵的经验。

米芾一生对于砚台的研究到了痴迷的程度。据《梁溪漫志》记载：他在安徽无为做官时，听说濡须河边有一块奇形怪石。当时人们出于迷信，以为神仙之石，不敢乱动，怕招来不测。而米芾立刻派人将其搬进自己的寓所，摆好供桌，上好供品，向怪石下拜，念念有词：我想见到石兄已经20年了，相见恨晚。此事传到朝廷，由于有失官方体面，米芾被弹劾而罢官。但米芾一向把官阶看得并不很重，因此也不怎么感到后悔，后来就作了《拜石图》。作此图的意图也许是为了向他人展示一种内心的不满。李东阳在《怀麓堂集》时说："南州怪石不为奇，士有好奇心欲醉。平生两膝不着地，石业受之无愧色。"这里可以看出米芾对玩石的投入与傲岸不屈的刚直个性，大有李白"安能摧眉折腰事权贵，使我不得开心颜"的情怀。

▲ 明末陈洪绶绘《米芾拜石》

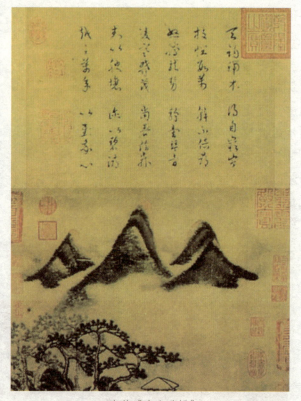

▲ 米芾《春山瑞松》

◇以假乱真　广为流传◇

米芾在书画方面造诣很高，临摹功夫更深，我们现今看到的"二王"的一些作品，都不是"真迹"，而是米芾的临摹之作。传说，有一次，一个书画商人拿着一幅唐人的真迹，去找米芾，有意要卖给米芾，价钱有点高。米芾说，你先放这里，七天后你再来，我若要，你把钱拿走；我若不要，你把画拿走。听了米芾的话，商人就离开了。到了第七天，商人来了。米芾说，画我看了，不错，价钱太高，你又不让价，就请你把画拿走吧，说着把画打开，并说，你看好，是不是这张画？商人客气地答道：没错。商人把画拿走了。

第二天，商人又回来了。一见面米芾就笑着说："我知道你今天准来，有朋友请我，我都拒绝了，在这里等你。"商人心里马上明白了，说："是我眼拙，把您的临本拿走了，今天特来奉还。"米芾大笑道："你不来找我，我也一定会去找你，你拿走了临本，我心里特别高兴，有一种说不出的愉快。好了，原本你拿走，临本还给我。"商人取起原本真迹，临本还给米芾。米芾每次在朋友之中说起此事，都笑得前仰后合。

■历史评价┃

米芾天资聪颖，好洁成癖，个性怪异，举止癫狂，遇石称"兄"，膜拜不已，因而人称"米颠"。米芾能诗擅文，擅书画，精鉴别，集书画家、鉴定家、收藏家于一身，书画尤具功力。篆、隶、行、草、楷各体皆能，长于临摹古人书法，达到乱真程度，行草造诣尤高。米芾自云学过各家各派，但从其作品观之，得王献之、释智永二家最多。其书隽雅奇变，淋漓痛快，晚年更达至炉火纯青之境。

▲ 江苏镇江米芾墓

苏轼称米芾书法"风樯阵马，沉着痛快，当与钟王并行，非但不愧而已"。黄庭坚称米芾书法"如快剑（石斤）阵，强弩射千里，所挡穿彻。书家笔势，亦穷于此"。同为"北宋四大家"的苏轼、黄庭坚对米芾的评价有如此之高，可谓推崇备至了。米芾著有《书史》《画史》《海岳名言》等，对前人多有讥贬，然决不因袭古人语，为历代书家所重。米芾传世墨迹主要有《苕溪诗卷》《蜀素帖》《方圆庵记》《天马赋》等，而翰札小品尤多。

■大事坐标 |

1051 年	出生。
1075 年	任长沙椽。
1092 年	宋哲宗在位，任雍丘知县。
1101 年	宋徽宗在位，任发运司属官。
1103 年	由发运司属官改太常博士、书学博士。
1106 年	任书画学博士，礼部员外郎。
1107 年	去世。

■关系图谱 |

米芾 / 宋神宗赵顼 君臣 / 米友仁 父子 / 阎氏 母子 / 并称"北宋四大家" 苏轼 黄庭坚 蔡襄

心学鼻祖

陆九渊

■名片春秋 |

陆九渊（1139～1193），号象山，字子静。抚州金溪（今江西临川）人。书斋名"存"，世人称存斋先生，因其曾在贵溪龙虎山建茅舍聚徒讲学，其山形如象，自号象山翁，又称象山先生、陆象山。南宋理学家，心学派的创始人，与当时著名的理学家朱熹齐名，史称"朱陆"。宋明两代主观唯心主义——"心学"的开山鼻祖。被后人称为"陆子"。

■风云往事 |

宇宙便是吾心，
吾心即是宇宙。
——陆九渊

◇宗族大姓　兄弟六人◇

　　陆九渊出身于一个封建大家庭，九世同居，全门百口。他的八世祖陆希声曾为唐昭宗宰相，五代末年，陆九渊先祖避难到了抚州金溪（今属江西）并且在延福乡买田定居。陆氏本是一方宗族大姓，迁至江西 200 年间，整个宗族大约有数千人在此聚居，并且形成了严密周全的族规。陆九渊的父亲陆贺，字道乡，究心典籍，重践履躬行，在当地非常有声望。金溪陆族经过几代变迁，到陆九渊出生时，家境中落，只有 10 亩左右的菜田和一处药铺、一处私塾。整个家族的衣食，全部仰仗药肆供给。就算这样，陆家一直保持着封建宗族大家的风度。

陆九渊一共兄弟六人，九渊是最小的。大哥九思，字子强。二哥九叙，字子仪。三哥九皋，字子昭，力学成名，是为庸斋先生。四哥九韶，字子美，曾经与朱熹论学，辩《太极图说》。子美在梭山与学者讲学，称为梭山先生。五哥九龄，字子寿，登进士第，因斋名为"复"，称为复斋先生。

陆九渊出生时，因为家里孩子太多，父亲打算将其送给别人。长兄陆九思的妻子刚好生有儿子，陆九思即令妻乳九渊，而将自己的儿子给别人喂养。陆九渊后事兄嫂如事父母。

▲ 陆九渊题跋像

◇自幼好学 志做圣人◇

陆九渊自幼好学。他的好学表现在两个方面：博学和思考。三四岁时，他曾向父亲发问，"天地何所穷际"，父一时答不上来，只好苦笑，他竟为这个问题费尽思索而至废寝忘食。后来他读书孜孜不倦，又常在书中发现问题。例如读《论语·学而》，就对《有子》三章表示怀疑；读"二程"书，就发现程颐所说的话与孔子、孟子不相类似，或有矛盾处。

13 岁时，有一天陆九渊对自己幼时思考的问题忽有所悟。这天，他读古书到"宇宙"二字，见解者说"四方上下曰宇，往古来今曰宙"，于是忽然省悟道原来"无穷"就是这样。人与天地万物都在无穷之中。他提笔写下"宇宙内事乃己分内事，己分内事乃宇宙内事"。

《陆九渊年谱》中说他从"宇宙"二字，悟得人生之道。陆九渊立志要做儒家的圣人，而他以为，做圣人的道理不用别寻他索，其实就在自己心中。

▲ 二程（程颐、程颢）画像

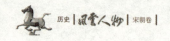

象山学派

又称"陆学""心学"等，是由南宋陆九渊创建的一个理学学派。由于陆九渊曾长期讲学于贵溪象山（今江西贵溪），世称其为象山先生，其学派人们一般称之为"象山学派"。

他说："宇宙便是吾心，吾心即是宇宙。东海有圣人出焉，此心同也，此理同也。西海有圣人出焉，此心同也，此理同也。千百世之上至千百世之下，有圣人出焉，此心此理，亦莫不同也。"对宇宙无穷与对圣人之心广大的顿悟使陆九渊进入了一种新的人生境界。

◇ 自创学派　热衷教学 ◇

陆九渊最大的成就在于创立象山学派，从事传道授业活动，他收授的弟子多达数千人。陆九渊官位不算显要，学术上也无师承，但他融合孟子"万物皆备于我"和"良知""良能"的观点以及佛教禅宗"心生""心灭"等论点，提出"心即理"的哲学命题，形成一个新的学派——象山学派。

陆九渊热心于授徒讲学，大力发展教育事业。"每开讲席，学者辐辏，户外履满，耆老扶杖观听"，弟子遍布于江西、浙江两地。他在长期的讲学实践中，形成了一套独特的教育思想理论。他认为教育对人的发展具有存心、养心、求放心和去蒙蔽、明天理的作用。他主张学以致用，其目的是培养出具有强烈社会责任感的人才，以挽救南宋王朝衰败的命运。在教育内容上，他把封建伦理纲常和一般知识技能技巧，归纳为道、艺两大部分。主张以道为主，以艺为辅，认为只有通过对道的深入体会，才能达到做一个堂堂正正的人的目的。因此，要求人们在"心"上做功夫，以发现人心中的良知良能，体现封建伦理纲常。

陆九渊的学生中最著名的有杨简、袁燮、舒璘、傅子云等，其中

▲ 江西南昌象湖

杨简进一步发挥了其主观唯心主义的世界观。象山学派流传不广，至明代陈献章、王守仁起，才又开始重新得到提倡。今南昌城内的象湖相传为陆九渊当年在南昌开坛讲学的地方，"象湖"一名由其号（象山先生）而来。

▲ 江西南昌象山文化广场上的陆九龄雕像

◇鹅湖之争　哲学之辩◇

陆九渊"心学"是在与朱熹理学的争辩中形成自身特色的。而朱陆之争不仅显示了陆九渊思想与朱熹"理学"的相同和分歧，也阐明了陆九渊"心学"立学的理论基点。为了更好地道出经过，这里还要从人们熟知的鹅湖之会谈起。

1175年六月，为了调和朱熹"理学"和陆九渊"心学"之间的理论分歧，使两人的哲学观点"会归于一"，吕祖谦出面邀请陆九龄、陆九渊兄弟前来与朱熹见面。六月初，陆氏兄弟应约来到鹅湖寺，双方就各自的哲学观点展开了激烈的辩论，双方互不相让，这就是著名的"鹅湖之会"。"鹅湖之会"实质上是朱熹的客观唯心主义和陆九渊的主观唯心主义的一场争论。它是中国哲学史上一次堪称典范的学术讨论会，首开书院会讲之先河。

会议辩论围绕"教人之法"展开。关于这一点，陆九渊门人朱亨道有一段较为详细的记载："鹅湖讲道，诚当今盛事。伯恭盖虑朱、陆议论犹有异同，欲会归于一，而定所适从……论及教人，元晦之意，欲令人泛观博览而后归之约，二陆之意欲先发明人之本心，而后使之博览。"（《陆九渊集》卷36《年谱》）所谓"教人"之法，也就是认识论。

▲ 江西铅山鹅湖书院

151

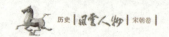

▲ 鹅湖论辩

对于这个问题，朱熹强调"格物致知"，认为格物就是穷尽事物之理，致知就是推致其知以至其极。并认为，"致知格物只是一事"，是认识的两个方面。朱熹主张多读书，多观察事物，根据经验，加以分析、综合与归纳，然后得出结论。

　　陆氏兄弟则从"心即理"出发，认为格物就是从心出发，认识内心。主张"发明本心"，心明则万事万物的道理自然贯通，不必多读书，也不必忙于考察外界事物，去此心之蔽，就可以通晓事理，所以尊德性，养心神是最重要的，反对过多地在读书上下功夫，以为读书不是成为至贤的必由之路。会上，双方各执己见，互不相让，不欢而散。此次"鹅湖之会"，双方辩论了三天三夜，陆氏兄弟略占上风，

蝉
_____

陆九渊
风露枯肠里，宫商两翼头。
壮号森木晚，清啸茂林秋。

▲ 湖北荆州古城墙

153

▲ 湖北荆州古城

▲ 陆夫子祠内陆九渊塑像

但最终结果却是不欢而散。如今，这座古寺也许是因为有这么一次重要会议，也许是因为朱熹住过，将其作为"书房"，作为教书育人之地，因而也被称作"鹅湖书院"。

◇ 荆州城墙　人心所向 ◇

山西平遥古城墙、陕西西安古城墙、湖北荆州古城墙、辽宁兴城古城墙是中国现存最好的四座古城墙。其中荆州古城墙与陆九渊也有一些关系。

1190 年，陆九渊被任命为荆湖北路荆门知军。次年九月初三，陆九渊从江西千里迢迢到荆门上任。当时，金兵南侵压境，荆门地处南宋边防前线。陆九渊看见荆门没有城墙，认为这个地方位于江汉平原，道路四通八达，南面捍卫江陵，北面支援襄阳，东面守护随州、钟祥，西面扼守宜昌，处于重要的咽喉位置。荆门巩固，四邻才有依靠，不然就会腹背受敌。于是，陆九渊下决心修筑城墙，这才有了这道城墙。

陆九渊在荆州任职期间，秉公执法，清正廉明。有人告状，他不拘早晚，亲自接见受理。他断案多以调解为主。如控诉的内容涉及隐私、违背人伦和有伤风化，就劝说告状人自动撤回上诉，以便维护社会道德风尚的淳厚。只有罪行严重、情节恶劣和屡劝不改的才依律惩治。所以到衙门打官司的人逐渐减少，到其上任第二年，官司每月才不过两三起。

除了当官，陆九渊在蒙山东坡筑亭，宣讲"心学"，听众往往多达数百人。荆门原先闭塞的民风和鄙陋习俗显著改变。此地各级机构交相列举陆九渊在荆门的政绩奏报朝廷。益国公、左丞相周必大曾强调，荆门军治理成效突出，可做地方长官"躬行"的榜样。

1193 年初，陆九渊在荆门病逝，入殓时，官员痛哭，百姓祭奠，满街满巷充塞着吊唁的人群。出殡时，送葬者多达数千人。他殁后，谥为"文安"。为纪念陆九渊，后人将荆门蒙山改称象山，在荆门城西象山东麓当年陆九渊受理民事诉讼和讲学的象山书院遗址兴建陆文安公祠（俗称陆夫子祠和陆公祠）。

■ 历史评价 |

陆九渊的思想接近程颢，更注重内心修养。他认为朱熹的"格物致知"方法过于"支离破碎"。陆九渊是"心学"的创始人，其主张"吾心即是宇宙""明心见性""心即是理"，重视持敬的内省工夫。即所谓的"尊德性"。朱熹言"理"，侧重于探讨宇宙自然的"所以然"；陆九渊言"理"，则更偏重于人生伦理。明代王阳明赞赏陆九渊的学说，使得陆九渊的"心学"得以发扬，因此学界称之为"陆王"学派，实际上王阳明是"心学"的集大成者。

■ 大事坐标 |

1139 年	出生。
1172 年	中进士，先任隆兴建安县主簿，后改建安崇宁县。
1175 年	与朱熹在江西上饶铅山的鹅湖寺会晤，研讨治学方式与态度。
1190 年	被任命为荆湖北路荆门知军。
1193 年	在荆门病逝。

■ 关系图谱 |

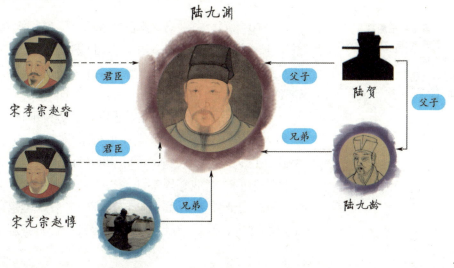

理学大成

朱熹

■ 名片春秋 |

朱熹（1130~1200），字元晦，江南东路徽州府婺源县（今江西婺源）人。南宋著名的理学家、思想家、哲学家、教育家、诗人，闽学派的代表人物，世称朱子，是孔子、孟子以来最杰出的弘扬儒学的大师。进士及第后曾任荆湖南路安抚使，仕至宝文阁待制。为政期间，申敕令，惩奸吏，治绩显赫。

■ 风云往事 |

◇ 坚持己见　不信迷信 ◇

1150 年春，朱熹第一次回祖籍婺源，祭扫祖墓，并写下《祭远祖墓文》一文。他拜望宗族长老，赎回父亲朱松当年典当出去的田产，以供祭扫祖墓的资费。

当时，婺源县城五通庙香火旺盛，据说很神通。当地人出门，必带上香纸入庙祈祝求平安；士人到婺源，也必以名纸入庙，称门生叩拜以求吉祥。朱熹初来乍到，亲戚邻里都让他去叩拜求保平安，朱熹不去。当晚，族人宴请他，饮酒时，有灰尘落入朱熹酒杯中，饮后拉肚子；第二天又在台阶旁遇上

心学

儒学的一门学派。最早可推溯自孟子，而北宋程颢开其端，南宋陆九渊则大启其门径，而与朱熹的理学分庭抗礼。至明朝，由王王阳明首度提出"心学"两字。

毒蛇，险遭其咬。大家都认为他不去拜谒五通庙，这些都是神灵对他的警告。于是，大家纷纷再一次劝朱熹去拜谒五通庙。

朱熹说："肚腹不好是食物不干净引起的，与庙无关，别冤枉了五通。"有位学者也在旁劝他从众去拜谒五通庙。朱熹听了，很不高兴地说："为什么要从众？想不到你读了这么多圣贤书却如此封建迷信！我很幸运，这里离祖坟不远，若真是因此遭祸，就请将我葬在祖坟旁边，不是很方便么！"朱熹坚持不拜谒五通庙的举动，成为趣话，一直流传至今。

▲ 福建三明南溪书院朱熹出生地

◇一问一答　尽显智慧◇

朱熹于 1148 年中进士之后有意模仿孔子，边做官边教授弟子。

宋孝宗即位后，想要恢复经济，富国强兵。为改变半壁江山、积贫积弱的局面，他平反了岳飞的冤狱，追封岳飞为王。并下诏广开言路，要天下的读书人直言不讳，指出朝政弊端，规划恢复中原的大业。朱熹因此上书，坚决主张抗金建国。并认为要完成光复大业，皇帝必须先提高自己的修养。

朱熹弟子问："先生在上书中所说皇帝的修养，具体指哪些方面？"朱熹道："皇帝的修养当然不同于一般人，但有一点是共同的，你们也应该做到，就是要先做格物致知的功夫。从宇宙之大到昆虫之微，都要清楚地看到大义的存在，这样才能更好地来规划自己的事业。"

弟子说："格物致知，不就是'二程'先生和龟山先生传下来的道理吗？可是格物是什么，致知又是什么，两者哪个在先哪个在

▲ 福建南平武夷书院

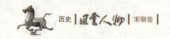

观书有感

朱熹
半亩方塘一鉴开，
天光云影共徘徊。
问渠那得清如许？
为有源头活水来。

▲ 朱熹画像

后，我都不清楚。"朱熹道："大程明道先生（程颢）说'格'就是到；'致'就是得。致知在格物之后，意思是先用心思到具体的物，然后才能得到真才实学。因此格物在先，致知在后。但若是探究大道并最终落到实践，那就更可以穷尽大道的奥妙。"

弟子问："先生的话我懂了，但是可格的事物千姿百态，种类无限，所要致的知也要有那么多吗？"朱熹道："不是的。小程伊川先生（程颐）认为'万物皆备于我'，是因为人生本来有良知良能，可以与万物相当。天地有个心，人也有个心，天地之心和人的心其实是一个东西。如今天格上一物，到达天地之心而落实到自己的良知良能；明天又格上一物，到达天地之心而落实到自己的良知良能。时间长了，格的物多了，自己的良知良能就可以大部分甚至全部被开发出来，到了那个时候，就得到了知。"

弟子说："听了先生一番教导，我明白了格物致知原来是一种极大的工夫，只格一物、二物是得不到真知的。"朱熹说："不错，但物总得一个个地格。杨龟山先生说：'学习开始于致知的愿望，完成于得知的成果，致知的手段是格物。天下的物，多得格不胜格，一个人的精力有限，不可能遍格万物。因此他格物的时候，绝不能让心思随物流动到十万八千里之外；要随时内向反省，才能越来越明白心里的良知而做到万物皆备于我。'"

弟子问："致知就是致良知，我懂了。但是天下有千万人，每个人有一个良知。若是人人格物致知，得到良知，这良知不太多了吗？会不会引起争论和混乱呢？"朱熹道："千万人有千万心，千万心所不同的，是它们的欲望。至于被这些欲望包在里面的良知，人人都是一样的，就是个'仁'字。因为天地、日月、宇宙都只是一个，它的大道也只有一个，这个大道到人的心理，就是个'仁'。所以通过格物致知逐步除去蒙在心上的人欲，'仁'就是良知自然会显露出来。"

弟子听了朱熹的话，似懂非懂，见案头上有一方新砚台，就请先生以砚台为例，做一次格物致知的示范。朱熹笑着说："好，就来格这个砚台。"他拿起砚台反转过来叫弟子看，只见磨得镜面一样平的砚台底上有一个大螺壳印子。弟子奇怪地问："这样大的螺，一定是生活在海里的，怎么钻进石头里去了呢？"朱熹道："这就是了。砚石是从山上采来的，说明这山千万年前曾经是海底。这螺儿活着的时候，钻在海底的泥土里；海底上升变成山，泥土干硬变成石头，这螺不就到石头里了吗？到此我们格物的功夫算是完成了，然后来致知。既然山、海那样看起来永恒的巨物，都可以互相变化。那么世界上还有什么是固定不变的呢？所以《诗经》里说'天命无常'。这个无常的天命感动到人的内心，就使人常处忧患，兢兢业业，小心翼翼，认真对待周围的一切。这就悟出了个'敬'字，进入了良知'仁'的境界。"弟子感谢说："我理解了先生的意思，要是人人都能像先生那样下功夫修养，天下就不愁不太平了。"

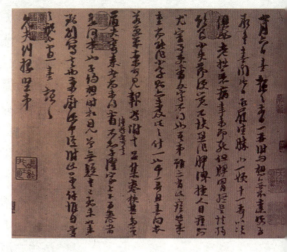

▲ 朱熹信札（辽宁省博物馆藏）

◇朱熹兴起　题词"廉泉"◇

在婺源紫阳镇东门大桥南旧城墙下，有约一两米的石凿泉池。该泉池叫作"廉泉"，是朱熹命名并题写的一处胜迹。此泉说起来还有一段故事。

1148 年春，朱熹荣登进士后，却没有立即去任职，而是在家待职三年，后于 1150 年阳春三月，回乡扫墓并拜会宗族长辈。在长达三个月的时间

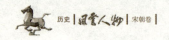
里，朱熹遍祭从一世祖朱瑰到七世祖朱森的所有祖坟，遍访从未谋过面的宗族长辈，遍游故乡的胜迹。

五月初的婺源已是初夏时节，有些许闷热。一天，朱熹与门人郊游归来，行至东门桥头已是浑身冒汗，口干舌燥。见有一石凿的水池，泉水清澈见底，着实诱人，一行人便屈膝弯腰掬捧畅饮。这从石罅隙间淙淙涌出凉冽甘醇的泉水，"旱涝不盈涸，风摇亦不浊"，给了朱熹深深的启迪："吾一名当朝进士，以后为官，一定要像这泓泉水，'颠簸不失志，贫贱亦清廉'。"思索之余朱熹激情难平，回到住处则挥笔为那泓清泉题名曰"廉泉"，门人弟子则为此墨宝立石刻碑于泉旁。次年春，朱熹被授予左边功郎、同安县主簿，开始了他颠簸的出仕之路和矢志的治学之道。

◇ 书院情怀　非同一般 ◇

宋孝宗时期，在全国范围内展开了轰轰烈烈的书院建设运动，理学家们纷纷以书院为基地宣传自己的思想主张，将进入集大成阶段的理学和书院联系到一起，并进而将二者同时推至其发展的高峰期，形成理学发展史上的"乾淳之盛"和南宋书院发展的第一个高潮。

朱熹的一生与书院之间有着不可割舍的情谊。朱熹的先辈与书院就曾有过密切的关系。他的父亲朱松在任官的同时，就曾开展过讲学活动，创办过书院，主要有云根书院、星溪书院等。朱熹继承了父亲的优良传统，自步入仕途，至69岁罢官还乡，将大部分精力都放在了著述和讲学上。据《宋史·朱熹传》，"朱熹登第五十年，仕于外者仅九考，立朝才四十四日"。纵使在短暂的任职期间，他也时常亲自在书院、精舍之中讲学。1175年，吕祖谦从金华来寒泉与朱熹合编《近思录》，之后，朱、吕二人同游武夷山，并赴鹅湖与陆九龄、陆九渊兄弟相会。朱熹尚在寒泉附近建云谷草堂、晦庵，后人扩建为云谷书院。1179年，朱熹以秘书郎知南康军，兴复白鹿洞书院。为兴复白鹿洞书院，朱熹废寝忘食，不遗余力。他修建了院舍20余间，还到江西各地征求图书，筹集了买田的资金，聘请杨日新为书院堂长，并亲领洞务，亲临讲学，发榜招收举人入学，当时有老师和学生共20余人，然后制定学规，确立课程。

白鹿洞书院现在还保存着朱熹那篇著名的《白鹿洞书院揭示》，即白鹿洞学规，体现了书院全新的教育理念，他提出了明人伦的教育目的：“父子有亲、君臣有义、夫妇有别、长幼有序、朋友有信。”他还提出“博学之、审问之、慎思之、明辨之、笃行之”，指出教育的目的在于明人伦，而明人伦须遵循博学、审问、慎思、明辨、笃行的顺序，其中学、问、思、辨是为了穷理，笃行则是修身以落实到具体的处事接物的事实中去。这些皆由儒家经典语句集成，每一个字都能找到出处，这部学规最能体现封建时代书院精神。

在理学家掀起的书院运动中，朱熹虽然未能首开其端，但却是书院运动的中坚力量，终其一生，他以极大的热情投入到了书院建设之中。据统计，书院运动中，与他直接有关的书院有40所。其中由他创建书院4所，修复书院3所，曾在20所书院讲学，为7所书院撰记、题诗，为6所书院题词、题额。另外，他年轻时读书以及成名后讲学等经行过化之地，后人建有27所书院，以为纪念。朱熹对南宋书院运动的贡献，为后人所赞叹。

▲ 福建建阳朱熹墓

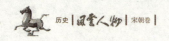

■历史评价 |

朱熹是理学的集大成者,中国封建时代儒家的主要代表人物之一。在元、明、清三代,他的学术思想一直是封建统治阶级的官方哲学,标志着封建社会更趋完备的意识形态。

朱熹继承了北宋程颢、程颐的理学,认为理是世界的本质,"理在先,气在后",提出"存天理,灭人欲",完成了客观唯心主义的体系的建构。朱熹学识渊博,对经学、史学、文学、乐律乃至自然科学也都有研究。其词作语言秀正,风格俊朗,无浓艳或典故堆砌之病。

■大事坐标 |

1130 年	出生。
1148 年	考中进士。
1178 年	出任"知南康军"。
1181 年	解职回乡,在武夷山修建"武夷精舍",广召门徒,传播理学。
1193 年	任职于湖南,并主持修复了四大书院之一的另一著名书院——岳麓书院。
1200 年	在建阳家里忧愤而死,临死还在修改《大学诚意章》。

■关系图谱 |

朱熹

思想继承
程颢、程颐

父子
朱松

鹅湖之会
陆九渊

知遇之恩
赵汝愚

说到科学技术，宋代绝对可以说是最令华夏子孙骄傲的时代。举世闻名的四大发明中，活字印刷术、指南针、火药，均是宋代人民智慧的结晶。英国科学史学家李约瑟曾经评价道："中国宋代的科学水平，放眼世界，都是最发达的。"此话的确不假。近代中国的科学技术水平和西方国家差距越拉越大，但是在宋代，世界上绝大多数科学发明和发现，却都是中国创造出的。

　　中国近代历史学家陈寅恪也曾评论："华夏民族之文化，历数千载之演进，造极于赵宋之世。"火药粉碎了欧洲骑士传统，使封建割据成为历史，客观上促进欧洲某些国家统一与资产阶级的兴起；指南针让航海探险成为现实，从根本上改变了世界的格局，影响到今天；活字印刷术可以讲是对人类文明进步最杰出的贡献之一，就是电子信息如此发达的现在，这种技术也没有消亡，而是被人类发扬光大。《梦溪笔谈》《营造法式》《武经总要》等著书记载了当时大量科技利用与发明，是留给后世最好的精神文化遗产。

　　宋代十分重视发展农业，农业生产水平也大大超过前朝。棉花与小麦种植的大力推广，对后来中国的农业影响深远。宋代的手工业趋于成熟，特别是享誉世界的宋瓷，价值堪比黄金，极其精致优美，有的瓷器制作技艺、工艺就连后世也无法超越。商业虽受到少数民族政权的影响（阻断了丝绸之路），但海上和内地等大城市的商业活动依然十分发达，从《清明上河图》就可窥见一斑。四川出现了世界上第一种纸币"交子"，是人类的一大进步。

　　不仅如此，宋朝还有很多先进的土木工程、航海术和冶金学方面的发明。这些发明都推动了宋朝经济的发展和繁荣，对人类文明产生深远影响。时间流逝，人们仍享受着这些发明带来的益处，虽然有些发明的创造者已经无处找寻，但是我们还是尝试去找寻一下这些发明背后的"功臣"们！

科技之巅

沈括

■名片春秋 |

沈括（1031～1095），字存中，号梦溪丈人，浙江杭州钱塘（今浙江杭州）人，北宋科学家、改革家，中国历史上最卓越的科学家之一。他博学多才、成就显著：精通天文、数学、物理学、化学、地质学、气象学、地理学、农学和医学；还是卓越的工程师、出色的外交家。晚年以平生见闻，在镇江梦溪园撰写了笔记体巨著《梦溪笔谈》。

■风云往事 |

▲ 沈括画像

◇家庭幸福　环境良好◇

沈括从小家庭幸福，生活富足，父严母慈，哥哥沈披和他一起长大。沈括的父亲沈周是进士出身，先后曾在简州、润州、泉州、江宁等地任地方官。而沈括的青少年时代就是在随父亲迁任各地中度过的，其间在繁华的泉州居住了8年。沈括的父亲为官清正、同情下层，深受百姓爱戴，这为沈括思想的形成带来了许多积极的影响。沈括的母亲是位很有文学修养的知识妇女，在她的教导培养下，两个儿子都得到了良好的启蒙教育。

他之所以成为一位博学多识的科学家，与年少时的学习教育有着密切的关系。良好的家庭环境和广泛的社会接触，使沈括对许多方面的知识都产生了浓厚的兴趣。这个有着强烈求知欲的少年无论走到哪里，对所见所闻都很留意，同时注意观察各种事物。沈括 12 岁时开始正式拜师读书。他和哥哥看到当时国家边疆常有战争，给老百姓带来许多灾难，就立志长大后立功报国，于是常在一起练武。他们的舅父许洞能文善武，著有兵书《虎钤（qián）经》，虽然这时已经去世，但他们的母亲把书中的军事理论深入浅出地传授给两个儿子。沈括和哥哥以后均是文武全才，这都要归功于母亲对他们的教育。

◇年少有为　初露头角◇

早在青年时期任沭阳县主簿的时候，沈括就主持了治理沭水的工程，组织几万民工修筑渠堰。这不仅帮助当地人民解除了水灾威胁，而且还开垦出良田 7 000 顷，改变了沭阳的经济状况。在任宁国县令的时候，他积极倡导并且主持在今安徽芜湖地区修筑规模宏大的万春圩，开辟出能排能灌、旱涝保收的良田 1 270 顷，同时还写了很多关于圩田方面的著作，如《圩田五说》《万春圩图书》。

1072 年，沈括主持了汴河的水利建设。为了治理汴河，沈括亲自测量了汴河下游从开封到泗州淮河岸共 840 多里河段的地势。他采用"分层筑堰法"，测得开封和泗州之间地势高度相差十九丈四尺八寸六分。这种地形测量法，是把汴渠分成许多段，分层筑成台阶形的堤堰，引水灌注入内，然后逐级测量各段水面，累计各段方面的差，总和就是开封和泗州间"地势高下之实"。这在世界水利史上是一个创举。沈括在仅仅四五年时间里，就取得引水淤

《虎钤经》

宋代著名兵书。北宋吴郡（今江苏吴县）人许洞，历四年于景德元年 (1004) 撰成，凡 20 卷，210 篇，共论 210 个问题。许洞曾任雄武军推官、均州参军等职。该书现存明嘉靖刊本及清《四库全书》等刊刻本。

▲ 磁性指南针——水浮法

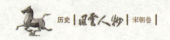

田 1.7 万多顷的显著成绩。在对地势高度计算时，其单位竟细到了寸分，可见，沈括在治水方面是认真的。

◇科学巨著 《梦溪笔谈》◇

晚年时，沈括被贬为团练副使，这只不过是一个闲职，只能得到少许俸禄聊以度日。所以宋神宗贬谪沈括的诏书，实际上是宣告了沈括政治生涯的终结。这对沈括在仕途方面可以说是一"祸"，但正是此祸，使得沈括有了精力抛开繁杂的政务，深入到科学研究中去，留下了不朽的科学巨著《梦溪笔谈》。

早在他还任职三司使时，就奉旨编绘一部新的全国地图，但繁冗的政务使他无法全力以赴进行这项工作，因此一直没能完成。不过沈括没有放弃这项工作，即使在被谪随州的日子里，他也随身带着以往收集的图稿，不时加以研究。这时，他可以集中精力来完成这项工作了。经过广征博引，参考大量的资料，又用了两年时间，他终于绘成天下郡县图。这套地图大图 1 幅、京城图 1 幅、诸路图 18 幅，包括了当时北宋所管辖的全部地区。

在制图技术上，沈括采用了科学的画图方法。他继承了传统的"制图六体"，即六项制图原则：分率（比例尺）、准望（地理位置）、道里（实际距离）、高下（地势高低）、方斜（地形状况）、迂直（道路曲直），并有一定的发展。比如，在他之前，地图绘制都是用 8 个方向来定位，而沈括则采取了 24 个方向，这样就使地图的精确度大大提高，提高了古代制图学的水平。

编绘完成后，沈括在 1088 年将地图献给朝廷，得到了嘉奖，宋哲宗解除了以前对他的人身限制，允许他可以自己选择居住地点。沈括便从秀州迁到了润州（今江苏镇江）的梦溪园。此时沈括已经 58 岁了。梦溪园坐落在润州的东郊，是一处

▲ 江苏镇江梦溪广场上的沈括雕像

风景秀丽的田园。园内翠竹成林，郁郁葱葱，梦溪泉水澄澈，叮叮咚咚向前奔去。沈括闭门谢客、潜心著述，在书房中摆满了各种书籍资料。在这里，沈括将自己的一生见闻，科学研究所得汇集成一部著名的科学巨著——《梦溪笔谈》。此外，他的《长兴集》《良方》《忘怀录》等几十部著作也是在此完成的，可惜的是大多已经失传。

《梦溪笔谈》是沈括毕生科学研究的结晶，它是一部内容极为丰富的著作。有着广博的内容、独到的见解，反映了中国古代特别是北宋时期在自然科学方面的辉煌成就，也反映了沈括的经世之才和博学多识。《梦溪笔谈》共30卷，其中包括《补笔谈》3卷、《续笔谈》1卷。全书分为故事、辨证、乐律、象数、人事、官政、机智、艺文、书画、技艺、器用、神奇、异事、谬误、讥谑、杂志、药议共17门，609条。书中内容涉及自然科学和社会科学的各个方面，是一部百科全书式的著作。《梦溪笔谈》记载了许多宝贵的自然科学知识，包括天文、地学、物理、化学、生物医药、工程技术等各方面内容。

▲ 江苏镇江梦溪园

◇科技成就 数不胜数◇

沈括从小就充满好奇心，喜欢研究新事物。随父亲在福建泉州居住的时候，他听说江西铅山县有一泓泉水非但不甜，反而苦涩，当地村民将苦泉放在锅中煎熬，苦泉熬干后就得到了黄灿灿的铜。他对这一传说很感兴趣，于是就不远千里来到铅山县，看到了村民"胆水炼铜"的过程，《梦笔溪谈》中就有相关记载。这是我国有关"胆水炼铜"的最早记载，历史证明他的记载是正确而可靠的。

除此之外，沈括在天文方面也颇有研究。1072

▲ 《梦溪笔谈》书影

▲ 宋朝的罗盘针（模型）

▲ 泥活字版（据《梦溪笔谈》的记载复原）

年，沈括负责汴河水建设，同时还负责领导司天监，任职期间，他先后罢免了6名不学无术的旧历官，并破格推荐精通天文历算、平民出身的淮南人卫朴进入司天监，主持修订新历。沈括和卫朴治学严谨，主张从观测天象入手，以实测结果作为修订历法的根据。为此，沈括首先研究并改革了浑仪、浮漏和影表等旧式的天文观测仪器。

"石油"一词最早也是由沈括提出的，最早描绘石油形态与开采过程的也是沈括。那是沈括50岁左右的时候，当时他在西北前线对抗强敌西夏的入侵，在紧张的军旅生活中，仍不忘考察民间开采石油的过程，在《梦溪笔谈》中他记录了石油的存在状态与开采过程。他是这样写的："在鄜州、延州境内有一种石油，就是过去说的高奴县脂水，脂水就是石油。石油产生在水边，与砂石和泉水相混杂，时断时续地流出来。当地居民用野鸡尾毛将其蘸取上来，采集到瓦罐里。这种油很像清漆，燃起来像火炬，冒着很浓的烟，帐幕沾上了油烟都变成了黑色。我猜测这种烟可以利用，于是试着扫上它的烟煤用来做成墨，墨的光泽像黑漆，即使是松墨也比不上它。"根据现有史料，沈括是第一个使用石油的人，并将石油燃烧后产生的烟尘制成了墨。

◇人非圣贤　孰能无过◇

除了上述成就，沈括还是一个检举揭发的"高手"。沈括的理性求实精神，在政治生活中却没有展现出来。他政治嗅觉异常灵敏，善于在别人的诗文中捕风捉影。沈括检举揭发的对象是中国文学的巅峰人物——苏轼。南宋王铚《元祐补录》记载了沈括的这一丑事。

沈括比苏轼大5岁，却晚他6年中进士。两位大师很有缘分，做过同僚，而且都成绩斐然。短暂的同僚经历后，苏轼于 1066 年父丧后回乡两年多，等他再返京时，就与沈括走上了不同的政治道路。1069 年，王安石被任命做宰相，进行了激进的改革。沈括受到王安石的信任和器重。苏轼却与王安石意见相左，他与保守党司马光一起，组成反对派。

由于获得了宋神宗的信任，王安石的改革畅通无阻。作为反对派代表，苏轼被贬到杭州担任通判一职。其间，沈括被派到杭州检查浙江农田水利建设。临行前，宋神宗告诉沈括："苏轼在杭州做通判，你去了要好好待他。"到了杭州，虽然政见不同，苏轼还是把沈括当朋友。沈括表面上也算和善，与苏轼论旧，还把苏轼的新作抄录了一通。但回到京城，他立即用批注的方式，把认为是诽谤的诗句进行详细的"注释"，然后批判这些诗句居心叵测，反对改革，讽刺皇上，最后还交给了皇上。之后，苏轼因为在诗文中"愚弄朝廷""无君臣之义"而入狱，险些丧命。这就是文字狱历史上著名的"乌台诗案"，牵连苏轼 30 多位亲友，涉及他 100 多首诗词。虽然沈括不是主谋，但是他是这个案子的始作俑者，为他的政治生涯留下了不光彩的一笔。

■历史评价 |

在以立德、立言、立功为"三不朽"的传统中国，产生伟大的科学家很不容易。不过宋代却出现了一位百科全书式的科学家，他就是沈括，他集地理学家、物理学家、数学家、化学家、医学家、天文学家于一身，还是水利专家、兵器专家、军事家，写下了科学经典巨著《梦溪笔谈》。这部鸿篇巨制被英国科技史专家李约瑟称为"中国科技史上的里程碑"和"中国科学史的坐标"。他就是为现代人熟知的沈括。沈括才学兼备，文理均衡，是个文化、

中国古代十大科学家

1. 东汉张衡，发明第一架测试地震的仪器；
2. 东汉张仲景，著《伤寒杂病论》，后世医学者称张仲景为"医圣"；
3. 南北朝祖冲之，在世界数学史上第一次将圆周率（л）值精确到小数点后七位；
4. 北魏郦道元，著作《水经注》；
5. 隋唐孙思邈，完成了《千金药方》一书，后世尊之为"药王"；
6. 北宋沈括，著作《梦溪笔谈》是中国科学史上的里程碑；
7. 元代郭守敬，制订了一部准确精密的新历法《授时历》；
8. 明代李时珍，著成《本草纲目》；
9. 明末徐光启，我国近代科学的先驱者；
10. 明末宋应星，著有《天工开物》，被欧洲学者称为"技术的百科全书"。

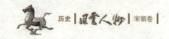

科技通人，一生从事的研究领域都极为宏阔。《宋史》这么评价他："博学善文，于天文、方志、律历、音乐、医药、卜算无所不通，皆有所论著。"沈括是个奇才，文武双全，不仅在科学上取得了辉煌的成绩，而且为保卫北宋的疆土也做出过重要贡献。他曾率兵在西北前线对抗强敌西夏的入侵。沈括，是我们中华民族的杰出代表，他所具有的智慧、坚毅、正直、勇于进取等优点正是中华民族所固有的传统美德。历史的车轮驶到今天，也是因为有着无数像沈括这样的人，不断给历史这部机车添油加力，才使它永远滚滚向前。

■大事坐标 |

1031 年	出生。
1063 年	中进士，任扬州司理参军。
1066 年	入京编校昭文馆书籍。
1077 年	出任宣州知州。
1087 年	完成了奉命编绘的天下郡县图。
1088 年	移居润州，并打造"梦溪园"隐居。
1095 年	去世。

■关系图谱 |

文化传承

毕昇

■名片春秋 |

毕昇（生卒年不详），湖北英山人。中国发明家，发明活字版印刷术。初为印刷铺工人，专事手工印刷。毕昇发明的胶泥活字印刷术，被认为是世界上最早的活字印刷技术。宋朝沈括所著《梦溪笔谈》记载了毕昇的活字印刷术。

■风云往事 |

◇毕昇其人　略有记载◇

　　沈括在《梦溪笔谈》一书中记载了关于毕昇的生平事迹，以及他发明活字版的经过，除此之外再也找不到其他文献资料。

　　沈括只说他是个布衣，籍贯及生平却没有提及。所谓布衣，从字面理解就是没有做过官的普通老百姓。关于毕昇的职业，以前曾有人做过各种推测，但最为可靠的说法，毕昇应当是一个从事雕版印刷的工匠。因为只有熟悉或精通雕版技术的人，才有可能成为活字版的发明者。毕昇在长期的雕版工作中，发现了雕版印刷最大缺点就是每印一本书都要重新雕一次版，不但耗时较长，而且加大了印刷的

四大发明

中国古代对世界具有很大影响的四种发明。即造纸术、指南针、火药、活字印刷术。此一说法最早由英国汉学家李约瑟提出。

▲ 北京印刷学院内毕昇雕像

▲ 活字版印刷出土模具

成本。如果改用活字版，只需雕制一副活字，则可排印任何书籍，活字可以反复使用。虽然制作活字的工程大一些，但却为后期工作节省了时间。正是在这种启示下，毕昇才发明了活字版。

关于毕昇的籍贯，沈括没有说，我们只知道毕昇死后，他制作的泥活字为沈括的侄子所收藏，从这一点我们推测毕昇和沈家或者是亲戚，或者是近邻。沈括是杭州人，毕昇可能也是杭州人。杭州是当时雕版印刷较为发达的地区，活字版在这里发明，也是符合历史规律的。

◇活字印刷 方法独特◇

毕昇制作活字印刷的程序如下：用胶泥做成一个个规格一致的毛坯，在一端刻上反体单字，字划突起的高度像铜钱边缘的厚度一样。用火烧硬，成为单个的胶泥活字。为了适应排版的需要，一般常用字都备有几个甚至几十个，以备同一版内重复的时候使用。遇到不常用的冷僻字，如果事前没有准备，可以随制随用。为便于拣字，把胶泥活字按韵分类放在木格子里，贴上纸条标明。排字的时候，用一块带框的铁板作底托，上面敷一层用松脂、蜡和纸灰混合制成的药剂，然后把需要的胶泥活字拣出来一个个排进框内。排满一框就成为一版，再用火烘烤，等药剂稍微熔化，用一块平板把字面压平，药剂冷却凝固后，就成了模版。印刷的时候，只要在版型上刷上墨，覆上纸，加一定的压力就行了。为了可以连续印刷，就用两块铁板，一版印刷，另一版排字，两版交替使用。印完以后，用火把药剂烤化，用手轻轻一抖，活字就可以从铁板上脱落下来，再按韵放回原来木格里，以备下次再用。毕昇还试验过木活字印刷，由于木料纹理疏密不匀，不容易刻印，木活字沾水后变形，以及和药剂粘在一起不容易分开等原因，所以被淘汰掉了。

▲ 毕昇用活字印刷图

◇印刷之术　传播世界◇

　　中国是最早发明印刷术的国家。最开始的印刷方法是把图文刻在木板上用水墨印刷的，现在的木版水印画仍用此法，统称为"刻版印刷术"。刻版印刷术的前身是公元前流行的印章捺印和5世纪出现的拓印碑石等方法。造纸和制墨等生产技术出现以后，刻板印刷术才逐渐出现。到了唐代，刻板印刷在中国已非常盛行，并先后传至朝鲜、日本、越南、菲律宾、伊朗等国，影响到非洲和欧洲。

　　公元11世纪以后，随着社会生产的发展，印刷术出现了许多重大的改革和发明。宋代庆历年间，毕昇首创泥活字版，为印刷提供了便利。据沈括的《梦溪笔谈》记载，毕昇发明在胶泥片上刻字，一字一印，用火烧硬后，便成活字。毕昇的胶泥活字首先传到朝鲜，称为"陶活字"。后来又由朝鲜传到日本、越南、菲律宾。15世纪，活字板传到欧洲。1456年,德国的戈登堡以活字印《戈登堡圣经》,

▲ 活字印刷术的印刷品

这是欧洲第一部活字印刷品，比中国的活字印刷史晚400年。活字印刷术经过德国而迅速传到其他10多个国家，促使文艺复兴运动的到来。16世纪，活字印刷术传到非洲、美洲、俄国的莫斯科，19世纪传入澳洲。

◇由小见大　注重观察◇

毕昇对于自己的发明毫无保留，他将自己的经验介绍给师兄弟们。他先将细腻的胶泥制成小型方块，一个个刻上凸面反手字，用火烧硬，按照韵母分别放在木格子里。然后在一块铁板上铺上黏合剂（松香、蜡和纸灰），按照字句段落将一个个字印依次排放，再在四周围上铁框，用火加热。待黏合剂稍微冷却时，用平板把版面压平，完全冷却后就可以印了。印完后，把印版用火一烘，黏合剂熔化，拆下一个个活字，待下次排版再用。

师兄弟们听了十分钦佩！一位小师弟说："《大藏经》5 000多卷，雕了13万块木板，一间屋子都装不下，花了多少年心血！如果用师兄的办法，几个月就能完成。师兄，你是如何想到这么好的办法的？"

"是我的两个儿子教我的！"毕昇说。

"你儿子？他还那么小，他们只会'过家家'。"

"你说对了！就靠这'过家家'。"毕昇笑着说，"去年清明前，我带着妻儿回乡祭祖。有一天，两个儿子玩过家家，用泥做成了锅、碗、桌、椅、猪、人，随心所欲地排来排去。我的眼前忽然一亮，当时我就想，我何不也来玩过家家：用泥刻成单字印章，不就可以随意排列，排成文章吗？你们说这不是跟我儿子学的吗？"

师兄弟们听了，也哈哈大笑起来。"但是这过家家，谁家孩子都玩过，我们都看过，为什么偏偏只有你发明了活字印刷呢？"那位小师弟继续问道。

▲ 转轮排字

中国古代四大发明

指南针　　　火药　　　印刷术　　　造纸术

许久，师傅才开口："在你们师兄弟中，毕昇最有心。冰冻三尺非一日之寒啊。他早就在琢磨提高工效的新方法了！"师兄弟们惭愧地低下了头。

■历史评价 |

活字印刷术，是中国古代四大发明之一，是印刷史上的一次伟大革命。它为中国经济文化的发展开辟了广阔的道路，为推动世界文明的发展做出了重大贡献。毕昇发明的活字印刷术被认为是世界上最早的活字印刷技术。。

■大事坐标 |

1041~1048 年 ↕ 发明胶泥活字印刷术。

■关系图谱 |

毕昇

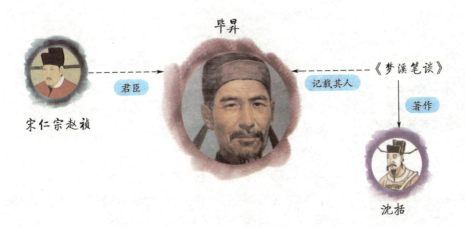

宋仁宗赵祯　→ 君臣 →　毕昇　← 记载其人 ←　《梦溪笔谈》
　　　　　　　　　　　　　　　　　　　　　　　↓ 著作
　　　　　　　　　　　　　　　　　　　　　　　沈括

洗冤法医

宋慈

■ 名片春秋 ┃

宋慈（1186～1249），字惠父，建阳（今属福建南平）人，南宋宁宗朝进士，曾任广东、江西、湖南诸路提点刑狱公事，广东经略安抚使。南宋杰出的法医学家，被称为"法医学之父"，著有《洗冤集录》。西方普遍认为，正是宋慈于1235年开创了"法医鉴定学"。

■ 风云往事 ┃

◇名人之后　仕途顺利◇

宋慈为唐相宋璟后人，祖籍河北南和，与理学大师朱熹同居建阳。宋慈出身于朝廷官吏家庭，父名巩，曾做过广州节度推官。宋慈少年受业于同乡吴稚门下，吴稚是朱熹的弟子，因此，宋慈有机会与当时有名的学者交往。宋慈20岁进太学。真德秀是宋慈早年的师友，宋慈后来的成就在很大程度上也受他的影响。当时主持太学的真德秀是著名的理学家，真德秀发现宋慈的文章出自内心，且有感情流露，因此，对他十分器重。

真德秀（1178~1235），字景元，本姓慎，因避孝宗讳改姓真。真德秀是南宋后期与魏了翁齐名的一位著名理学家，也是继朱熹之后的理学正宗传人。学者称其为"西山先生"。

1217 年，宋慈中进士乙科，朝廷派他去浙江鄞县任尉官（掌一县治安），因父丧而未赴任。1226 年，宋慈出任江西信丰县主簿（典颁文书，办理事务），从此正式踏上了仕宦生涯。宋慈特别重视法医的检验工作，对一些重要问题，如暴力死与非暴力死；自杀与他杀；生前伤与死后伤等，都有一定程度地研究。其中所述的大部分内容很有价值，且有不少符合现代法医学的原理。如对于生前溺死与死后推尸入水有科学鉴别。

◇洗冤集录　法医专著◇

宋慈在法医学上成就斐然。他采撷了前人著作如《内恕录》《折狱龟鉴》等书中有关记载，加以自己的实践经验，吸收了当地民间流传的医药知识，于 1247 年编辑了 5 卷本《洗冤集录》（现藏于北京大学图书馆善本书室），用以指导狱事的检验。宋慈的《洗冤集录》是中国现存最早的一部比较系统的法医学专著。

自 13 世纪问世以来，《洗冤集录》成为历代刑狱官案头必备的参考书。后世的著作基本上是以此书为蓝本加以订正、注释和补充的。后来，《洗冤集录》流传到海外，1779 年，法国人将此书节译刊于巴黎的《中国历史艺术科学杂志》。1863 年荷兰人第吉利代将此书译成荷兰文在巴达维亚出版。1908 年，法国人又将其从荷兰文转译成法文，德国人又转译成德文。此外，《洗冤集录》还曾被译成朝、日、英、俄等国文字。这充分说明了《洗冤集录》一书在世界法医史上的影响与地位。

《洗冤集录》是世界最早的法医学专著，比西方的同类书籍早 350 年，宋慈因而被后世誉为古代第一名法医学家，"世界法医学奠基人"。

◇探明案情　注重证据◇

南宋官府为探明案情真相，非常重视证据的提

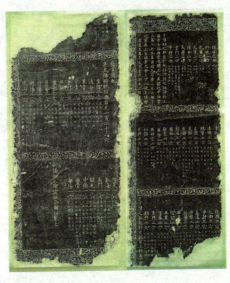

▲ 《新铸铜人腧穴针灸图经》石刻残碑

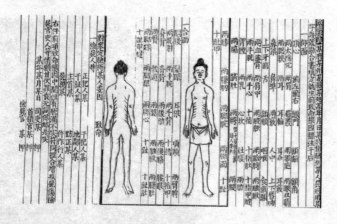

▲《洗冤集录》部分内容

供，"遇有死者，必根究其所以致死"；人命之案，须查获凶器；凶手定罪，须查获尸体；尸体检验，须查验到致命伤，否则不易结案，便为疑案。对于杀头这种刑罚，应由犯罪事实决定，而这首先要经过检验。在"慎刑"的指导思想下，以有无犯罪事实作为定罪量刑的依据成为司法实践中的准则，而犯罪事实又离不开充足的证据，是所谓"旁求证左，或有伪也；直取证验，斯为实也"。

宋慈在书中一再强调以查找证据为目的的检验勘查工作必须谨慎，举一例视之。由于致命伤的检验对加害人的定罪量刑至关重要，宋慈强调检验中要仔细勘验："凡伤处多，只指定一痕系要害致命"；倘若是聚众斗殴，"如死人身上有两痕，皆可致命，此两痕若是一人下手，则无害；若是两人，则一人偿命，一人不偿命，须是两痕内，斟酌得最重者为致命。"然而，如果两个人同时刺杀、同时打击，就要仔细验证究竟哪个人负主要责任，就比较困难了。想到这一层，宋慈的考虑才算是完备。

"牢狱用刑以求取口供"，中国传统社会向来重视口供的采集。口供固然重要，但这种获得口供的非法手段早就被世人唾弃，更何况人证物证都可以造假，宋慈认为必须通过多方面的调查，最终把所有的证据都放在一起，不能轻易就听信一两个证人的话。而且对于原告也要仔细盘问，必须经过详细检验，从事实出发。

不轻信口供在当时律法中亦有体现，即使罪犯招供，也要查出证据；反之，即使罪犯不招供，在物证确凿的情形下，亦可定罪判刑，一切须"据状断之"。

时间不可能穿越到过去，案情不可能"情景再现"，故所谓的"真相"很难再原样重现。但是检验勘查，事关人命，只有将事后检验之事充分做到位，使之不断接近百分之百的真实，方可还事实以真相。

■历史评价 |

宋慈在法医学理论上和实践中表现出坚定的唯物主义倾向，在其传世名著中非但没有空洞的理学唯心主义的说教，而且大力提倡求实求真精神。

宋慈在为官 20 多年的职业生涯里，为官清廉，生活朴实，一直是他的标签，唯一的爱好就是收藏异书名帖，喜金石刻。晚年更加谦虚谨慎，爱惜人才，后生晚辈，凡有一技之长，皆提拔引荐。他年老有病在身，一切公务，犹亲自审察，一丝不苟。南宋理宗赵昀评价他是"分忧中外之臣"，特赠"朝议大夫"。

南宋诗论家刘克庄曾在宋慈的墓志铭之中称，宋慈审理案件清明如水，处理事情刚直果断，对待善良的百姓甚是和蔼，对于奸猾之辈则甚具威严。上至朝廷百官下至穷乡僻壤、居住深山的悠悠百姓，都认为宋慈是上天送给他们的一个好提刑。

■大事坐标 ┃

1186 年	出生。
1217 年	中进士乙科，被朝廷派去浙江鄞县任尉官，因父丧而未赴任。
1226 年	出任江西信丰县主簿。
1241 年	知常州军事。
1247 年	任直秘阁提点湖南刑狱并兼大使行府参议官。
1249 年	拔直焕阅知广州、广东经略安抚使。
	卒于广州。

■关系图谱 ┃

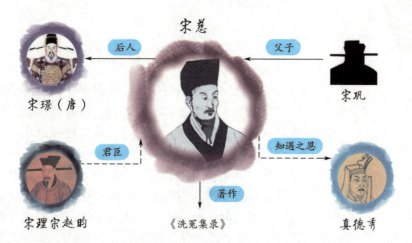

宋慈

后人 — 宋璟（唐）

父子 — 宋巩

君臣 — 宋理宗赵昀

知遇之恩 — 真德秀

著作 — 《洗冤集录》

数学奇才

秦九韶、杨辉

▲ 秦九韶像

▲ 杨辉像

■名片春秋 丨

秦九韶（1208～1268），字道古，普州安岳（今四川安岳）人。与李冶、杨辉、朱世杰并称"宋元数学四大家"。其父秦季栖，进士出身，官至上部郎中、秘书少监。

杨辉（约1238～约1298），字谦光，钱塘（今浙江杭州）人，南宋数学家。

■风云往事 丨

◇少小聪慧　终有成就◇

秦九韶从小就聪明好学，且善于观察。他的父亲在南宋朝廷里当一名不大的官。在其父任职工部郎中和秘书少监期间，他跟随父亲居住在杭州。工部郎中掌管营建，而秘书省则掌管图书，其下属机构设有太史局。因此他有机会阅读大量典籍，并拜访天文历法和建筑等方面的专家，请教天文历法和土木工程问题。他甚至可以深入工地，了解施工情况，又曾向"隐君子"学习数学，还向著名词人李刘学习骈俪诗词，并且达到较高水平。经过多方面学习，秦九韶成为一位学识渊博、多才多艺的青年学者。当时人们评价他"性极机巧，星象、音律、算术，以至营造等事，无不精究"，"游戏、毬、马、弓、剑，莫不能知"。

1231年，秦九韶考中进士，担任县尉、通判、参议官、州守、同农、寺丞等职，先后在湖北、安徽、江苏、浙江等地做官。在任职之余，他对数学潜心钻研，并广泛搜集历学、数学、星象、音律、营造等资料，进行分析研究。1244年任建康通判，不久他母亲去世。在为母亲守孝时，他把长期积累的数学知识和研究所得加以编辑，于1247年九月，写成了闻名的巨著《数书九章》，并创造了"大衍求一术"。

1254年，秦九韶回到建康，被另聘为沿江制置使参议，不久被撤职。此后，他极力攀附和贿赂当朝权贵贾似道，于1258年任琼州守，但三个月后再次被免职。同时代的刘克庄说秦九韶"到郡（琼州）仅百日许，郡人莫不厌其贪暴，作卒哭歌以快其去"，周密亦说他"至郡数月，罢归，所携甚富"。秦九韶从琼州回到湖州后，投靠吴潜，得到赏识。在这之后，秦九韶热衷于谋求官职，追逐功名利禄，在科学上没有显著成绩。后来在南宋统治集团内部的激烈斗争中，吴潜被罢官贬谪，秦九韶也受到牵连。约在1261年，他被贬至梅州做地方官，不久便死于任所。

▲ 秦九韶画像

◇《数书九章》 中华之光◇

第一，秦九韶的《数书九章》是一部划时代的巨著。《数书九章》全书9章18卷，9章9类："大衍类""天时类""田域类""测望类""赋役类""钱谷类""营建类""军旅类""市物类"，每类9题（问）共计81题（问）。该书内容丰富，上至天文、星象、历律、测候，下至河道、水利、建筑、运输，各种几何图形和体积，钱谷、赋役、市场、牙厘的计

▲ 吴潜（1195～1262），宋朝诗人

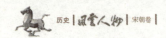

算和互易。许多计算方法和经验常数直到现在仍有很高的参考价值和实践意义，被誉为"算中宝典"。该书由"问曰""答曰""术曰""草曰"四部分组成："问曰"，是从实际生活中提出问题；"答曰"，给出答案；"术曰"，阐述解题原理与步骤；"草曰"，给出详细的解题过程。此书被国内外科学史公认为世界数学名著。秦九韶的《数书九章》不仅代表着当时中国数学的先进水平，也标志着中世纪世界数学的最高水平。中国数学史家梁宗巨评价道："秦九韶的《数书九章》是一部划时代的巨著，内容丰富，精湛绝伦。特别是'大衍求一术'（不定方程的中国独特解法）及高次代数方程的数值解法，在世界数学史上占有

▲《数书九章》书影

▲ 四川安岳秦九韶纪念馆

崇高的地位。那时欧洲漫长的黑夜犹未结束，中国人的创造却像旭日一般在东方发出万丈光芒。"

第二，秦九韶的"大衍求一术"领先卡尔·弗里德里希·高斯554年，被康托尔称为"最幸运的天才"。这不仅在当时处于世界领先地位，在近代数学和现代电子计算设计中，也起到了重要作用，被称为"中国剩余定理"。他所论的"正负开方术"，被称为"秦九韶程序"。现在世界各国不论小学、中学还是大学的数学课程，几乎都离不开他的定理、定律和解题原则。

第三，秦九韶的任意次方程的数值解领先霍纳572年。此外，秦九韶还改进了一次方程组的解法，用互乘对减法消元，与现今的加减消元法完全一致。同时秦九韶又给出了筹算的草式，可使它扩充到一般线性方程中的解法。在欧洲这种算法最早是1559年布丢给出的，他开始用不很完整的加减消元法解一次方程组，比秦九韶晚了312年，且理论上的不完整也逊于秦九韶。

此外，秦九韶还发明了"三斜求积术"等，给出了已知三角形三边求面积公式，与海伦公式完全一致。秦九韶还给出一些经验常数，如筑土问题中的"坚三穿四壤五，粟率五十，墙法半之"等，即使在现在仍有现实意义。秦九韶还在18卷77问"推计互易"中给出了配分比例和连锁比例的混合命题的巧妙且一般的运算方法，影响深远。

◇杨辉成就　其中轶事◇

杨辉与秦九韶、李治、朱世杰并称"宋元数学四大家"。他是世界上第一个排出丰富的纵横图和讨论其构成规律的数学家。说起杨辉的这一成就，还得讲一件小事。

一天，作为台州府地方官的杨辉出外巡游，前面铜锣开道，后面衙役殿后，中间抬着大轿，好不威风。走着走着，只见开道的镗锣停了下来，前面

《九章算术》

古代第一部数学专著。为《算经十书》之一，成书于1世纪左右。它系统总结了战国、秦汉时期的数学成就，是当时世界上最先进的应用数学。它的出现标志中国古代数学形成了完整的体系。

传来孩童的大声喊叫声，接着传来衙役恶狠狠的训斥声。杨辉忙问怎么回事，差人来报："孩童不让道，说等他把题目算完后才让走，要不就得绕其他路。"

杨辉一看来了兴致，连忙下轿抬步，来到前面。衙役急忙说："是不是把这孩童轰走？"杨辉摸着孩童头说："为何不让本官从此处经过？"

孩童答道："不是不让经过，我是怕你们把我的算式踩掉，我就演算不出原来那样了。"

"什么算式？"

"就是把1～9的数字分三行排列，不论直着加，横着加，还是斜着加，结果都等于15。我们先生让下午一定要把这道题做好。我正算到关键之处。"

杨辉连忙蹲下身，仔细地看那孩童的算式，觉得这个题目似曾相识。仔细一想，原来是西汉学者戴德编纂的《大戴礼记》书中所写的文章中提及的。

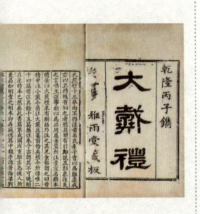

▲《大戴礼记》书影

杨辉兴致勃勃地和孩童一起算了起来。直到天已过午，两人才舒了一口气，结果出来了，他们又验算了一下，觉得结果全是15，这才站了起来。

孩童望着这位慈祥和善的地方官说："耽搁您的时间了，请您到我家吃饭吧！"

杨辉一听，说："好，好，下午我也去见见你先生。"

孩童望着杨辉，十分伤心，杨辉心想，这里肯定有什么蹊跷，温和地问道："到底是怎么回事？"

孩童这才一五一十把原因道出。原来这孩童并未上学，他家境贫苦，哪有钱读书。而这孩童给地主家放牛，每到学生上学时，他就偷偷地躲在学生的窗下偷听，今天上午先生出了这道题，这孩童用心自学，才想要认真做出来。

杨辉听到此处，感动万分，一个小小的孩童，竟有这番苦心，实在不易。他便对孩童说："这是十两银子，你拿回家去吧。下午你到学校去，我在那儿等你。"

下午，杨辉带着孩童找到先生，把这孩童的情况向先生说了一遍。又掏出银两，给孩童交了学费，孩童一家感激不尽。自此，这孩童这才有了真正的先生。

教书先生对杨辉的为人非常敬佩，于是两人谈论起数学。杨辉说道："方才我和孩童做的那道题好像是《大戴礼记》书中的？"

那先生笑着说："是啊，《大戴礼记》虽然是一部记载各种礼仪制度的文集，但其中也包含着一定的数学知识。方才你说的题目，就是我给孩子们出的数学游戏题。"

教书先生看到杨辉疑惑的神情，又说道："南北朝的甄鸾在《数术记遗》一书中就写过：'九宫者，二四为肩，六八为足，左三右七，戴九履一，五居中央。'"

杨辉默念一遍，发现他说的正与上午他和孩童摆的数字一样，便问道："你可知道这个九宫图是如何造出来的？"

教书先生也说不出来。杨辉回到家中，茶饭不思，反复琢磨，一有空闲就在桌上摆弄着这些数字，终于发现一条规律。

他把这条规律总结成四句话：九子斜排，上下对易，左右相更，四维挺出。就是说：一开始将九个数字从大到小斜排三行，然后将9和1对换，左边7和右边3对换，最后将位于四角的4、2、6、8分别向外移动，排成纵横三行，就构成了九宫图。

举一反三，杨辉又按这个规律得到了"花16图"，就是从1～16的数字排列在四行四列的方格中，使每一横行、纵行、斜行四数之和均为34。后来，杨辉又将散见于前人著作和流传于民间的有关这类问题加以整理，得到了"五五图"、"六六图"、"衍数图""易数图""九九图""百子图"等许多类似的图。

杨辉把这些图总称为纵横图，并于1275年写进自己的数学著作《续古摘奇算法》一书中，流传后世。

古代著名数学家及成就

刘徽：《九章算术注》
赵爽：《周髀算经》
祖冲之：精确圆周率
张丘建－《张丘建算经》
朱世杰：《四元玉鉴》
贾宪：《黄帝九章算经细草》
秦九韶：《数书九章》
李冶：《测圆海镜》——开元术
杨辉：杨辉三角

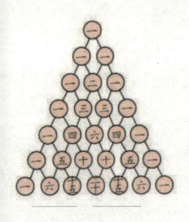

▲ 杨辉三角

▲ 四川安岳秦九韶塑像

◇杨辉三角　流传至今◇

杨辉除此成就之外，还有一项重大贡献，就是"杨辉三角"。

有一次杨辉得到一本北宋数学家贾宪写的《黄帝九章算法细草》，这里面记载了不少数学成就，如贾宪描画了一张图，叫作"开方作法本源图"。

图中的数字排列成一个大三角形，位于两腰上的数字均是1，其余数字则等于它上面两数字之和。从第二行开始，这个大三角形的每行数字，都对应于一组二项展开式的系数，下面试举例说明：在第三行中，1、3、3、1，这4个数字恰好是对应于$(X+1)^3=X^3+3X^2+3X+1$；再如第四行对应于$(X+1)^4=X^4+4X^3+6X^2+4X+1$。以此类推。

杨辉把贾宪的这张画详细地记录下来，并保存在自己的《详解九章算法》一书中。由于他在著作里提及过贾宪对二项展开式的研究，所以"贾宪三角"又名"杨辉三角"。这比欧洲于17世纪的同类型的研究"帕斯卡三角形"早了差不多五百年。后来人们发现，这个大三角形不仅可以用来开方和解方程，与组合、高阶等差级数、内插法等数学知识都密不可分。

■历史评价 |

秦九韶既重视理论又重视实践，既善于继承又勇于创新。他所提出的"大衍求一术"和正负开方术及其名著《数书九章》，是中国数学史，乃至世界数学史上光彩夺目的一页，对后世数学发展产生了广泛的影响。清代著名数学家陆心源称赞说："秦九韶能于举世不谈算法之时，讲求绝学，不可谓非豪杰之士。"美国著名科学史家萨顿说过，秦九韶是"他那个民族，他那个时代，并且确实也是所有时代最伟大的数学家之一"。但是，后期的秦九韶行为乖戾，贪图名禄，被同时代人认为"不孝、不义、不仁、不廉"，多次被除去官职或取消任命。

杨辉除上文提到的成就外，还分别写了《日用算法》《乘除通变本末》和《田亩比类乘除捷法》等书，这为后世的人们了解当时的数学学科提供了极为重要的资料。杨辉的几部著作极大地丰富了中国古代数学宝库，为数学科学的发展做出了卓越的贡献，他不愧为"宋元四大数学家"之一。

■大事坐标 |

1208 年	秦九韶出生。
1238 年	杨辉出生。
1244 年	秦九韶以通直郎出任建康府通判。
1247 年	经过潜心研究、用于实践中的数学成果，秦九韶终于写成《数书九章》。
1258 年	秦九韶由贾似道荐于李曾伯为琼州守。
1261 年	秦九韶任广东梅州知军州事。杨辉写成《详解九章算法》12 卷。
1268 年	秦九韶在梅州治政近 6 年左右，在梅州辞世。
1274 年	杨辉完成《乘除通变本末》3 卷，与其他人合作第 3 卷。
1275 年	杨辉与他人合编《续古摘奇算法》2 卷。
约 1298 年	杨辉去世。

■关系图谱 |

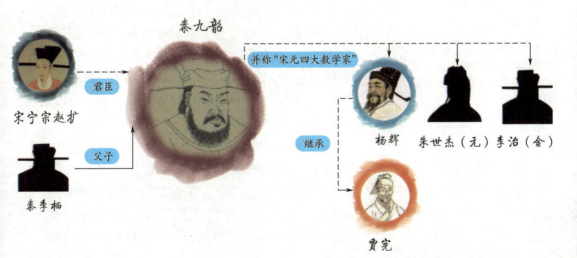

天文奇葩

苏颂

■名片春秋 |

苏颂（1020～1101），字子容，福建泉州同安（今属厦门同安区）人。宋代天文学家、天文机械制造家、药物学家。其主要贡献是在科学技术方面，特别是医药学和天文学方面的突出成就。

■风云往事 |

◇毕生为官　政绩斐然◇

苏颂出身于北宋古泉州府同安县的书香仕宦之家，其祖父、伯父、堂叔、兄长都是进士，而他的父亲苏绅，担任过大理寺丞、尚书员外郎、直史馆、翰林学士等官职。在这样的环境熏陶下，苏颂自幼便勤奋好学、博览群书，1042年与北宋著名的政治家和文学家王安石同榜中进士。

从那时，苏颂开始步入仕途，从地方到中央，担任了一系列重要的官职，最后位及宰相，为官50多年，政绩颇丰。实际上，在他处理宋朝政府事务时，已经显示出作为一个科学家严谨治学的行事风格。任江苏江宁知县时，他清查了富户漏税行为，核实

韩公廉（生卒年不详），北宋人。天文仪器制造家。活跃于11世纪后期。与苏颂一起从事天文仪器的制造。

丁产，将其编成户籍，按册课税，既增加了国库收入，又减轻了穷人的负担。任颖州知州时，正值朝廷为宋仁宗修筑皇陵，许多州县官趁机从工程中克扣钱款，但苏颂一直保持清廉的作风。担任南京留守时，深得长官欧阳修的器重，赞许他"处事精审"。

在处理民族关系方面，苏颂也做出了很大贡献。他先后五次与辽国深入接触，其间他搜集整理了关于辽国的政治制度、经济实力、军事设施、山川地理、风土民情、外交礼仪的信息，并根据宋辽两国的实际，提出了与辽朝和睦修好的政策，由此坚定了宋朝对辽推行友好政策的信心，换来了多年的和平。

◇任职期间　三件大事◇

苏颂在朝廷任职期间，做的一大贡献就是校正编撰古籍，由此他广泛接触有关文献资料，积累了知识，拓宽了视野。

苏颂在朝廷任职的另一件大事是"李定事件"，即拒绝草诏任命李定为太子中允、权监察御史里行。他三次拒绝起草诏书，神宗愤怒地斥责说："轻侮诏命，翻复若此，国法岂容！"于是将苏颂撤职。但苏颂几次拒绝草诏，都有自己的理由。第一是破格提拔李定违背以前的法令，而官吏的任命必须依法而行。第二是李定不够破格提拔的标准，他"素无声称"，不能因偶有奏对称心，就破格提拔。第三是将李定先做一般提拔，先进行考察检验，果有奇谋远略，再破格提拔也不迟。苏颂的这些意见是十分诚恳的。

苏颂在朝中任职的第三件事是参与改革。元丰年间改革官制，是神宗与王安石的改革措施之一。元丰四年，苏颂被召回吏部详定官制。他积极参与了官制改革，在革除宋代官、职和差遣的弊病方面做了大量工作。宋代元丰以前，官用来定品阶俸禄；职为殿阁、文学之士及待制等，以示尊崇。唯差遣

▲ 苏颂画像

▲ 厦门苏颂公园内苏颂石像

补和王深甫颍川西湖四篇·甘棠湖

苏颂

为湖始何人，人贤物亦久。

所以甘棠名，百年犹不朽。

为实职，可行使权力。这样造成了官称与实职不符，机构混乱，冗员过多等弊病。苏颂为改革这些方面的弊病做出了巨大贡献。在《奏乞将常平仓等公事付逐路转运司其提举官改差充本司勾当公事》中，他提出把发放青苗钱的提举常平司归各路转运使管辖，这样，不致政出两门，使州县长官不知所从。这也是他为当时机构改革所提出的宝贵建议。

苏颂所处的时代，朝中派系斗争席卷了整个政治舞台。但他却能于乱世中保持一份独立，这正说明了他的坚定和稳健，也表明他确实是个成熟的政治家。

◇醉心科技　博闻强识◇

苏颂一生，官位显赫，但他给后世留下的最大财富不止政治方面的成就，还包括在科技方面的建树。

苏颂曾在文史馆和集贤院任职九年。这份工作，让他每天能接触到皇家收藏的许多重要典籍和资料，其中有不少是稀世珍本。他对这些资料很感兴趣，每天背诵两千字文章，回家后再默写记录保存下来。经过长期的积累，苏颂的学识变得更加渊博。《宋史·苏颂传》称他精通"经史、九流百家之说，至于图纬、律吕、兴修、算法、山经、本草，无所不通，尤明典故"。

在这九年之间，苏颂还与张禹锡、林亿等编辑、补注了《嘉祐补注神农本草》，校正、出版了《急备千金方》等书。又主持编著了《本草图经》21卷。这部书引用了文献200多种，集历代药物学著作和中国药物普查之大成，记载了300多种药用植物和70多种药用动物或其副产品，以及大量重要的化学物质。对历史地理、自然地理、经济地理等方面也有记述。该书对动物化石、潮汐理论的阐述、植物标本的绘制，都为相应学科的发展完善发挥了作用。

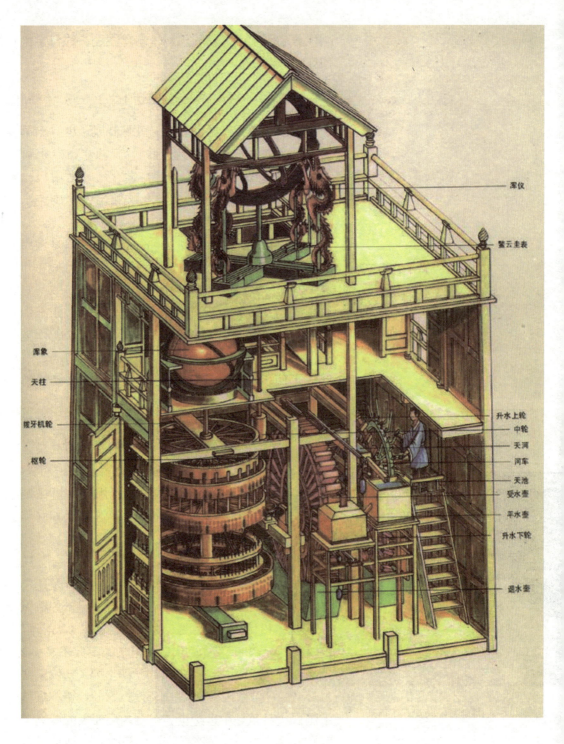

浑仪

鳌云圭表

浑象

天柱

铳牙机轮

枢轮

升水上轮
中轮
天河
河车
天池
受水壶
平水壶
升水下轮

退水壶

▲ 世界上第一座天文钟——水运仪象台

明代著名医学大师李时珍对《本草图经》的科学价值亦予以极高的评价。

◇开钟表史之先河◇

苏颂一生标志性的贡献，就是制成了世界上第一座天文钟——水运仪象台。元丰八年，奉宋哲宗的诏命，苏颂组织了一批科学家，并运用自己丰富的天文、数学、机械学知识开始设计制作水运仪象台，历时三年终于告成。仪象台以水力运转，集天象观察、演示和报时三种功能于一体，是世界上最早的天文钟。近代钟表的关键部件"天关"（即擒纵器）的发明也起源于那个时候。

水运仪象台是苏颂在掌握张衡、一行、张思训等人的科技成果之后进行的发明。他把张衡开创的用漏壶流水稳定性来控制齿轮系机械传动，发展成了使水运仪象台望筒随天体旋转的最初的转仪钟，并且还设计调整到使太阳经常在望筒的视场中。这样只要在黄昏把望筒对准太阳，日落星现后，就可以直接测读出太阳和恒星之间的赤经差或似黄经差。直到1685年意大利天文学家卡西尼才利用时钟机械推动望远镜随天体旋转，但这已是600年后的事了。

其后，苏颂又写了《新仪象法要》三卷，详细介绍了水运仪象台的设计及使用方法，绘制了中国现存最早最完备的机械设计图，附星图63种，记录恒星1 434颗，比300年后西欧星图记录的星数还多442颗。英国科学家李约瑟博士把《新仪象法要》译成英文在国外发行，并称赞苏颂是中国古代甚至是中世纪世界范围内最伟大的博物学家和科学家之一。李约瑟说："苏颂的时钟是最重要最令人瞩目的。它的重要性是使人认识到第一个

▲ 福建厦门同安苏颂祠堂

擒纵器是中国发明的,那恰好是在欧洲人知道它以前六百年。"《新仪象法要》也成为苏颂为后世留下的最杰出的著作。

■**历史评价Ⅰ**

苏颂之所以在天文仪器、本草医药、机械图纸、星图绘制方面都能走在时代的前列,是各方面因素的结果。例如他善于集中群众的智慧,组织集体攻关;善于发现人才,并大胆地提拔任用人才;勤于实验,设计多种方案;勇于实践,大胆地进行全国性药物普查;尊重科学,实事求是,一时研究不通的问题,宁可存疑,决不附会。而最重要的一条莫过于他在科学上的开拓进取和创新精神。

■**大事坐标Ⅰ**

1020 年	出生。
1042 年	中进士,为宿州观察推官。
1083 年	出任宰相。
1096 年	著成《新仪象法要》一书。
1101 年	在润州逝世。

■**关系图谱Ⅰ**

苏颂

韩公廉 ← 合作

苏绅 → 父子

193